Confraria dos homens invisíveis

O livro da mitologia dos seres deselegantemente arbitrários

Confraria dos homens invisíveis

O livro da mitologia dos seres deselegantemente arbitrários

Solemar Oliveira

Porto de Idéias
EDITORA

São Paulo, 2017

CONFRARIA DOS HOMENS INVISÍVEIS
O livro da mitologia dos seres deselegantemente arbitrários

Editor
Sebastião Haroldo de Freitas Corrêa Porto

Coordenação Editorial
Silvana Pereira de Oliveira

Diagramação
Otávio Silva

Capa
Nadya Hoffmann

Imagem da capa
BOSCH, H. *Cristo carregando a cruz*. Óleo sobre madeira, 74x81 cm. Múseu de Belas Artes de Ghent, Bélgica. s/d.

Dados Internacionais de Catalogação na Publicação (CIP)
(Câmara Brasileira do Livro, SP, Brasil)

Oliveira, Solemar
Confraria dos homens invisíveis: o livro da mitologia dos seres deselegantemente arbitrários / Solemar Oliveira. São Paulo : Porto de Idéias, 2017.
Bibliografia.
ISBN: 978-85-8061-147-2
1. Filosofia 2. Reflexões I. Título.
17-09212 CDD-100

Índices para catálogo sistemático:
1. Filosofia: Reflexões 100

Editora Porto de Idéias Ltda. | Rua Perdões, 101 | Aclimação | CEP 01529-030
São Paulo – SP – Brasil | Tel. (55) 11 3884-3814 | www.portodeideias.com.br

Para Cecília.

Então saltou sobre o livro aberto no chão. De olhos bem fechados rezou para todos os deuses do universo para que desse certo. Abriu os olhos cautelosamente certo de que veria a paisagem mudada. Quando olhasse ao redor, não veria o velho armário de roupas e a pequena cama de solteiro do quarto. Sabia que depois de um sono de 10 anos, a saída seria embrenhar na fantasia de romance.

K., Bernardo Kucinski

A mente literal não entende a mente irônica e sempre a identifica como fonte de perigo.

Deus não é grande, Christopher Hitchens

Súmario

Confraria

s.f. Associação religiosa ou de caridade. / Irmandade. / P. ext. Conjunto de pessoas que se associam (como irmãos), tendo em vista interesses e objetivos comuns.

Prefácio

Quando encontrei meu velho conhecido amigo e antigo colega do ensino fundamental, hoje escritor e investigador demasiadamente preocupado com a verdade, estávamos decididos a tomar todos os 750 ml do extrato de Malbec que compramos em uma adega noturna no centro de Buenos Aires há alguns anos. Falando de história e de documentos que pretendem desnudar fatos desconhecidos, ele me apresentou sua literatura não ficcional elaborada com teor sério de realidade e compromisso com a informação de alto nível. Depois de muito falar, admirei a responsabilidade com que se declarava instrutor de uma descoberta tão revolucionária quanto curiosa, me pediu para apresentar seu manuscrito quando esse estivesse pronto para ser entregue aos interessados.

Uma vez imposta a inversa e controversa conclusão de que não é possível fazer-se semelhante às criaturas históricas e mitológicas que, em função de um poder mágico inconcebível e inacreditável, podiam tornar-se, a qualquer tempo e em qualquer lugar, completamente invisíveis, este documento é um brinde ao fracasso e à lucidez. As pegadas simbólicas deixadas no mapa ilusório da realidade são marcas indeléveis feitas por criaturas exatamente decididas pela vida descomprometida com a atenção e com, ironicamente, o pé na realidade, que preferem a nulidade à fama e, se não podem consegui-la, preferem o suicídio, mesmo que essa alternativa não seja contemplada muito seguidamente pelo autor.

As esquisitices de certos seres humanos podem tornar-se o assunto de uma obra bizarra, com infinitos e densos tomos, criticando e glorificando as mais diversas condutas. Aqui neste labirinto de ideias e mitos vemos algo muito semelhante a isso. Um pouco de cada coisa extrema, dos rituais herméticos à simples iniciativa da retirada da própria capacidade de respirar, os homens do livro de histórias intitulado *Livro da mitologia dos seres deselegantemente arbitrários* fazem e refazem eventos, distanciam-se da realidade e deixam-se misturar por ilusões de criações fantásticas e macabras. Todos os relatos parecem densos e reais, diga-se de passagem – com as asas da serpente emplumada emprestadas ao leitor para alçar voos coerentes com a imaginação das personagens que são apresentadas.

Como disse um sábio amigo em um colóquio sobre sua duradoura sobriedade em uma reunião do A.A.: "Não somos donos de nossos corpos. Ele nos controla como quer." Os magníficos seres, que se autointitulam Homens Invisíveis, ou aspirantes de tal atributo, sabem que a luta contra a natureza é um desafio aterrador, um insistente nadar contra a correnteza.

Os seres que refletidos num espelho de extraordinária beleza e majestade, intitulados deuses, que são bem representados em todas as culturas, possuem uma linha direta com humanos destemidos que lutam por nada menos que dignidade. Essa palavra mortal, que só pode referir-se aos humanos, obviamente, é o líquido que lustra os degraus da ascensão dos destemidos desbravadores de novas medidas de sanidade e sobriedade diante de toda a comédia manifesta e real que é a vida na terra, a vida da humanidade e a vida de todas as demais criaturas menores e necessárias.

Colocando o vinho letal e maravilhoso (letal pela sua capacidade de tornar o cérebro lento e maravilhoso pelas notas frutadas e sensuais oriundas da natureza mística da uva), temos a visão única e rara de dois homens que tornam suas filosofias algo misturado. Apesar das diferenças, um concorda em exemplificar o trabalho do outro com sua opinião sobre uma realidade traduzida em texto que, agora, posso afirmar, com toda certeza, tendo lido-o completamente por mais de uma vez, é esplêndido.

Δρ. Δι⟨φανο Ροθυε δε Χασαρεσ
Arqueólogo

Da catedral imediata que abriga os discípulos da matemática precisa da invisibilidade

Renato nunca pensou em contar o que viu no clube dos homens invisíveis. A última vez que esteve na companhia de seus confrades, não se entendeu com eles. Tomou vinho azedo e pediu a um velho companheiro que lhe fornecesse damasco seco, pois estava com fome. Naquela casa escondida, todos sabiam fazer silêncio e não se interessavam pela vida particular dos companheiros. Renato andava irritado por aqueles dias e discutiu com Pedro por causa do damasco amargo.

Nove eram os homens invisíveis. E nove era também o número de encontros mensais. Reuniam-se sigilosamente numa casa antiga da Rua Sete de Setembro, no centro, antes uma cantina simpática. O dono, um italiano nervoso, alugava o porão para as reuniões.

Dois dos poetas mais proeminentes, que não se permitiam um encontro à luz de observações, também se limitavam ao território da Confraria, pois se lhes ocorresse a fama como intenção fundamental, podia ser possível uma exclusão após miserável posse. Sim, não havia dúvida de que a tomada de uma cadeira na sociedade, por qualquer novo membro, deveria ser um evento discreto, sem alardes e pompa. Um papel mal recortado era entregue para ser lido pelo iniciado logo após um dos mais antigos dizer-lhe uma meia dúzia de palavras de boas-vindas. Não havia necessidade, nem tensão em se preocupar, absolutamente, com os louros da ascensão social, visto que o novo membro adentrava agora ao estrito círculo das pessoas completamente desnecessárias.

Certa vez, Inácio, professor e cientista, sugeriu que fizessem uma placa metálica retangular com o nome dos criadores da Confraria. As letras em dourado, ao estilo daquelas placas de turmas formadas de faculdade. Tal iniciativa custou-lhe viril e inspirado discurso para evitar sua expulsão.

Uma matemática débil e mal desenhada inspirou o advento do clube. É sabido, em todas as estritas rodas de seres normais e desprovidos de atributos interessantes, que não existe um criador (ou criadores) exato da Ordem. Alguns afirmam, sem pudores, que essa sociedade é uma necessidade natural e, por isso, é autocriada. E por outro lado, que diferença real faria um criador? Esse ato fatalmente o colocaria no rol das pessoas que são reconhecidas e destacadas. A conclusão óbvia é que não faz a menor diferença um criador, já que este é invisível, ou mais precisamente, o primeiro homem invisível.

As tábuas simples de angelim-pedra, que sustentam e ostentam dois leões vermelhos, profundamente melancólicos, depositados coerentemente no centro do salão subterrâneo, revelam mandamentos da Lei Invisível. É claro, ninguém discute, que a disposição das cadeiras e demais móveis no salão da comunidade invisível não deveria reproduzir a nave de uma igreja.

Da dureza no trato

Homens invisíveis não se interessam por religião ou divindades. Uma vez que são despercebidos aqui nesse mundo, pelos "iguais", serão fatalmente desconsiderados no outro, ou nos outros, dependendo do ponto de vista. O homem invisível não busca exaltação na vida após a morte e é bem provável que a maioria deles nem creiam nessa possibilidade. O homem invisível está no mundo nos moldes do primeiro Zaratustra que desceu a montanha e não foi percebido em seu discurso. Carrega um cadáver e pronto! O máximo de "vida" que modifica está no transporte de um corpo inerte de um lugar para outro. Ou seja: nada! Pode misturar-se na procissão, mas não a motiva, não a move. Não é fecundo na tarefa de inserir ideias com seu verbo, pois decidiu calar-se e opta por permanecer de frente para o vento forte que sopra de um extremo a outro da terra sem pronunciar uma mínima palavra, para que esta não seja carregada para outro lugar e, sem intenção, incremente o mundo com a sua presença. O homem invisível adentrou a câmara de si mesmo, à sua caverna particular, munido apenas de sua sensação de desprezo. Envergonha-se da canalha. Procura as sombras quando seu objetivo não é desaparecer de propósito, de ficar invisível quando os outros enxergam os outros. Por isso começo a lista de mandamentos da invisibilidade com:

1. *Tu nasceste morto. Não esperes vida.*

Inspira, em síntese, que se vive para si mesmo e é imperativo deixar que o mundo siga. Deve-se observar e deixar que se execute o caminho natural sem intromissão. Um homem invisível não é uma pedra que acerta as águas de um lago. É natimorto.

Os dois mandamentos seguintes

É imprescindível que se torne invisível para que o mundo faça sentido. Na verdade, a grande questão da filosofia da invisibilidade é o tema imensamente cultuado pela humanidade. O sabedor dessa doutrina não usa a palavra mundo, pois é limitada. Precisa reconhecer-se numa esfera mais ampla. "O raio da invisibilidade é o raio do universo", diz o sábio invisível. Os dois próximos mandamentos afirmam a sustentação essencial do conceito da propriedade principal da desimportância do humano no universo e assegura que os confrades só sigam a partir do reconhecimento dessa verdade singular.

2. *Tu não precisas existir.*
3. *Homem, assegura-te de ser desnecessário.*

Os confrades refletem sobre o mundo no qual escolheram viver

Pedro ainda espera encontrar conforto na Confraria do fim do mundo, como ele a chama em particular (de si para si). "Um confrade invisível pode ser muito facilmente confundido com um suicida qualquer", pensa aflito. Irei, em nova oportunidade, apresentar as diferenças entre suicidas e homens invisíveis.

O fato é que, guardadas as devidas proporções, não é fácil ser um homem invisível voluntariamente. Um mendigo não é um homem invisível. Um taxista também não é. O cara que guarda os carros ou aquele que entrega os panfletos no sinal também não são. De início, um caso particularmente interessante é o daquele que é invisível não propositalmente. Tem o emprego, do qual não gosta, o garante apenas para a sobrevivência, casa-se com a primeira namorada, que se tornou a mulher que nem nota a sua existência. É substituível em várias esferas. Quando almoça sozinho em um restaurante, o garçom tropeça em sua pasta para alcançar algum freguês à frente, enquanto ele permanece com o braço levantado. Na rua os garotos trombam nele, enquanto jogam futebol. Nem aqueles caras que distribuem panfletos lhe entregam algum, não o percebem. Porém, se acaso em um dia ensolarado o puro invisível percebe a sua situação, deixa, quase automaticamente, de ser um homem invisível. E é por isso que esse caso é apenas interessante. Os casos formidáveis estão relacionados aos homens invisíveis treinados. Ser invisível exige talento.

Renato percebeu que a maneira de viver da Confraria do fim do mundo era a única possível. Entre o completo desapego e um provável suicídio, tornar-se invisível pareceu a solução natural. Estranho é que tão inusitado clube houvesse, por acaso, surgido nos seus caminhos. Dizem os outros oito que o homem invisível só pode ser encontrado pelo acaso de sua tendência à invisibilidade. Parece que, e estas são palavras de Pedro, o segundo homem, um suicida desprezado à beira de uma ponte, lançado à sorte de suas inquietações emocionais, não se tornará, nem em cem anos, um candidato à invisibilidade. Mas aquele que, oriundo de suas necessidades mais íntimas, presta-se a arremessar pedras em um lago aleatoriamente, tem grande força para a doutrina do homem desnecessário.

Da observação única de um moribundo criativo

Há uma fonte de dúvidas intermináveis que se deita sobre a fronte do homem confuso. É uma dissociação fabulosa de conceitos que estabelece a rotina do homem invisível. Não é necessário se isolar numa caverna, durante uma parte considerável da vida, para instituir a vigorosa etapa da renúncia, que se exige ao candidato à invisibilidade. Na verdade, a maior de todas as virtudes dessa classe rara de seres é a capacidade de derrotarem periodicamente a sua vaidade. E a vaidade é o defeito mais robusto de todos. Renato não conseguia, nem com todo esforço de sua mente cansada, porém insistente, acreditar que os oito confrades tivessem tanta habilidade nessa rigorosa e difícil tarefa: anular-se. Nem acreditava ser possível querer eliminar completamente a vaidade, quanto mais anulá-la de fato. Percebia, não raramente, que alguns davam-se ao luxo de sentirem vaidade de suas próprias ações ou iniciativas. Olhava sete deles com completo desprezo. Apenas um, apesar de parecer às vezes derrotado pelo enfastio da bruta tarefa, agradava-lhe. Podia admirar sem maldade a postura desse e até sentia uma ponta gulosa de inveja, coisa terminantemente proibida para um homem invisível. Voltava sua atenção para dois deles, que achava os mais tolos do grupo, e pensava: "Estes dois dão para homens risíveis." Deu apelidos para os sete. Pedro, o segundo; Ernesto, o pobre; Inácio, o detestável; Ricardo, o burguês; Joaquim, o que nunca ri; Judas, o sonâmbulo sofredor, e Melchior, o gato de Hades. Ou, quando estava irritado, pensava intimamente: "Judas e Melchior, os homens risíveis." Àquele que admirava, tinha como líder, não quis rotular. Pensou que qualquer dia desses pulava para fora daquela loucura e assim poderia contar suas divagações para Pedro, como uma espécie de vingança. Mas no momento estava disposto a acreditar na sociedade e dedicar-se à completa nulidade.

A flecha pontiaguda que penetra profundamente e instala a insistente virtude da solidão. Ah, a solidão!

Eis um fato que prezam os sócios da ordem invisível: o homem não é necessário. A pergunta que deve ser respondida tanto pelo neófito quanto pelo iniciado, ou ainda, pelo mestre, que talvez compreende e guarda para si mesmo a experiência preciosa, é: "A natureza e sua ordem de coisas e animais teria evoluído ou existiria sem a presença do homem?" O homem invisível acha que não. Mas ser invisível exige obrigatoriamente a presença do outro. Ou de que forma poder-se-ia ser invisível? Invisível para quem? Duas coisas distintas! O homem invisível quer anular-se, uma vez que a humanidade existe e este fato não pode ser mudado. Fato coerente e palpável é a vida. Inteligente ou não. Fato complicado é o equilíbrio das coisas em função da vida, especialmente da vida inteligente. Nada de socioambientalismo! Não é o homem invisível um paranoico por limpeza ou um guardião de rios e florestas. O que interessa sobre a água, ao ser invisível, é que ele precisa bebê-la. Poderia até abrir mão do banho se lhe ocorresse que esta atitude, de alguma forma, manteria o seu estado de constante invisibilidade. É provável que só dificultaria. O homem invisível que levanta a bandeira de alguma causa deixa instantaneamente de ser invisível e desmorona para a classe comum dos humanos que são observados, imitados, queridos e desejados. O homem invisível é uma pedra solta no nada. Não perturba nem o ar que respira.

No arco de lealdade entre o aspirante à invisibilidade e o seu coração puro está estruturada, como um andaime de madeira crua, a força da solidão. Não há a direção para o interesse comunitário nessa estrada, os confrades retiram todas as placas que poderiam indicar um caminho. Sobre festas e reuniões onde cintilam os dissimulados contos do dia a dia, nada tem o homem invisível (nomeio assim apressadamente, mas é um ato de economia textual – estes ainda estão na fase de treinamento) a declarar, pois não compreende. Não se interessa. E as caminhadas longas pelas ruas movimentadas dos centros das cidades não são incentivadas, até que a mágica fenomenal se manifeste. Quando necessário, caminham açodados e ansiosos desprezando os odores que arrastam para o abismo da densidade corporal.

Acerca das qualidades e dos atributos do homem invisível

Solto no caos está o coração do homem invisível! Sua dor é a fome das distâncias incontroláveis da terra. Seu desejo é a areia quente do deserto. Seu suor num dia ardente é a lágrima da mãe do mundo (a mãe de todos) que ouve o choro de sua criança sem poder lhe dar a mão. O amor do homem invisível é o seio molestado de uma prostituta e sua força é o machado inútil de João Batista. O homem que se anula flui nas águas da escuridão absoluta e contempla a injustiça sentado na base de uma cruz solitária com um inocente flutuando acima da sua cabeça. Vê um fosso de tendências e está isento. Mas sabe disso e deixa seu posto para não se tornar especial, quer retornar ao primeiro bar e não ser atendido por algum garçom, mesmo que seu braço se canse de tanto ficar levantado. Absurdo é um sinônimo para o invisível.

O homem invisível é uma criança perdida num parque de diversões. Os adultos não o veem, estão muito entretidos com as atividades do parque. Mas a criança não chora, não grita por socorro, não chama pai e mãe. Quer se divertir sem ser censurado. Do topo da roda-gigante percebe os pais pequenos jogando bolas num alvo para ganharem um urso de pelúcia barato. Ela se diverte sem ser criticada.

Noutro sentido, o homem invisível, o homem que se dispôs a não ser percebido, também oscila entre saberes estranhos. Nota todas as conversas e todos os estágios da vaidade. A volúpia nos olhares e o desdém que enaltece o espetáculo que assis-te. Mas tem que tomar cuidado para não se extasiar e perder o controle sobre sua invisibilidade. Deve sair antes que seja tarde e voltar para sua busca. Introspecção! Essa é a senha para a total neutralidade.

Sobre a mãe de todos – o resumo de um mito

A mãe de todos é uma fina dama que torna os dias das mulheres ruins uma rotina infeliz. Ainda bem! Pois as mulheres ruins têm todos os deveres impostos, pela ordem rigorosa do caos, para regularem a disciplina de suas vidas e deixarem os maridos se levantarem pela manhã, com a consciência tranquila e prontos para armar a rotina difícil do trabalho.

Os homens-fogo só confiam na mãe de todos e a desposaram virtualmente, em pensamento. São frades de uma seita estranha que só diz respeito a eles próprios. Acordam antes dos homens comuns e determinam a estrada pela qual eles devem seguir.

A mãe de todos foi criada durante o entardecer do mundo, no jardim encantado das coisas estranhas (Babilônia – como querem alguns). Uma peça de barro levantou-se da terra e depositou-se no centro da mobília de vidro da casa do Senhor, que fica num dos extremos do jardim, à esquerda da letal mandíbula do urso pardo que morreu de fome.

No final do tempo, quando as estradas que nunca se tocam, pelo capricho do pai de todos os seres, se cruzarem, a mãe de todos ficará cega para não ver a fome e a peste, e não sofrer por consequência, e então deixará que o fogo seja seu consorte!

Dos gatos e dos ratos

O gato de Hades atravessou a rua sem olhar para os dois lados essenciais, precisava que qualquer motorista o atropelasse ou pelo menos que não acionasse a buzina. Quase foi atingido por uma moto e ouviu um brado grosseiro e deprimiu-se fortemente. Do outro lado, Judas, o sonâmbulo sofredor, o observava e atirou-lhe umas palavras de ordem: "Não pode ser tão radical! Ou você já se acha um mestre nesta arte? Imbecil!"

Um passo de cada vez. Não se pode desaparecer milagrosamente (da noite para o dia).

"Esse 'volume' de pensamentos, Melchior, que você 'carrega' é que lhe atrapalha. Você não sabe nem de si mesmo e já quer desaparecer? Devia procurar os becos, onde apenas os gatos observam e, normalmente, procuram os ratos."

Ratos e gatos não se interessam por invisibilidade. E discursos sobre habilidades normalmente são afetados por aqueles que as desejam. Dois homens sem maturidade transformam a santa intenção num espetáculo circense. Eis a armadilha das religiões! Então os mais sábios bradam no porão da Confraria dos homens invisíveis: "Não se deixem, Irmãos, levar por futilidades."

Um segundo Barrabás

No sábado de manhã, a porta que dá acesso ao porão, onde se reúnem os membros da confraria, fica aberta propositalmente, sem vigilância. Os confrades saem isoladamente, nunca em grupos, nem mesmo em duplas, não devem. Vão para os poucos lugares onde ficam os lagos e as represas, e observam. Procuram um solitário que atira uma pedra a esmo. Se interessam por aqueles que ignoram as outras pessoas e que buscam nas formas das ondas na água um significado oculto. Normalmente retornam frustrados. Com a porta da sede da Confraria aberta, esperam ter alguma surpresa. Um animal que possa ter invadido o salão ou, eventualmente, um curioso que suspeite de algum ritual macabro. Na entrada não existem placas. Os confrades nunca chegam acompanhados. Sempre sós. É importante que não façam roda de conversa na entrada. Mesmo assim, sem deixar pistas, suspeitam que intuitivamente alguém entre movido por um interesse inexplicável. Encontraram um cachorro, certa vez. E noutra uma galinha foi expulsa com estardalhaço. O cão ainda retorna e encontra um pequeno monte de ração que o italiano deixa para ele. Virou uma espécie de mascote. Pedro, o segundo, o batizou de Barrabás.

Do poema indiscreto que menciona o comportamento do discípulo

> Nenhuma areia sonhada consegue me matar, nem existem sonhos que estejam dentro de sonhos.
>
> O *Aleph*, Jorge Luis Borges

Na parede principal do salão, existe uma única pintura. Em letras completamente desinteressantes e quase apagadas, pois um cinza-claro num fundo branco não pode ser visto facilmente, está o que os confrades chamam de "o recado". Trata-se de um poema de autoria desconhecida que incita os membros da Confraria sobre sua postura comum. Na verdade, existe uma intenção duvidosa por trás de tal texto e não é possível afirmar com certeza se ao carregar a tal mensagem os mais antigos tinham real conhecimento de sua natureza. Certa vez um antigo representante dos homens invisíveis, que viveu seus últimos dias na cidade de Buenos Aires, passou todo o seu conhecimento para o Primeiro da ordem, aquele que todos tomaram como líder, isso aconteceu por volta da década de 1980. Sabe-se que o sábio fundador dessa ordem local decidiu trazer tais conhecimentos para a vida dos habitantes dessa cidade e suspeita-se que todo o conteúdo talvez se tratava de uma grande brincadeira de mau gosto. As dúvidas não representavam uma ameaça e, de toda forma, era gosto do ancião que morreu na Argentina que os membros da ordem dessem prosseguimento à divulgação do poema misterioso. Assim o primeiro mandou pintar o poema na parede do salão, mas fez de forma bem discreta para não correr o risco de tratar aquilo com maior atenção do que merecia. O texto é reproduzido aqui para que o leitor tire suas próprias conclusões.

Preste atenção!
Tua pele atrevida, que absorve as minhas mãos, nunca esfria.
Não são aqueles passos a tua marca poderosa,
Que tu escondes envergonhado à luz de
Tua indecisão sobre a melhor de tuas posses?
Eleva-te com a intensa nobreza das águas
Indecentes de teu sensual/mortal consentimento.
Não mantenhas mais esse estado de
Letargia indecifrável.

Escrito isso, podemos apresentar mais um mandamento da ordem que precisa ser entendido em função da leitura que o neófito faz do ambíguo poema apresentado. De alguma forma parece óbvio, mas refere-se à importância que a opinião de cada confrade tem para o bom andamento da filosofia da invisibilidade.

4. *No salão da Confraria, tu serás completamente visível.*

O que havia de errado com Nietzsche?

No ano de 1889, quando Nietzsche teve seu grande colapso, a mídia brasileira publicou o seguinte texto: "Amigos que o têm visitado na clínica não escondem suas desconfianças de que Nietzsche, por algum estranho mecanismo mental, possa ter 'optado' pela loucura. Esta seria uma forma de afirmar, por conta própria, a importância que ele mesmo se atribui. Essas considerações são muito atraentes em elucubrados tratados de filosofia. Na vida real, que é a vivida por Nietzsche hoje, a loucura é uma doença dolorosa, humilhante e sem esperança."[1] É possível que também o homem invisível seja um louco e precise ter, aos moldes do filósofo, seu colapso definitivo. Um engano dizer que a loucura do gênio é uma consequência de sua especialidade ou incapacidade de manipular seu pensamento criador com a matéria das limitadas condições fisiológicas do corpo. Há outros que atribuem à loucura do pensador inimitável uma pena divina, pelo seu caráter depreciativo da existência de Deus e de Seu poder absoluto. O homem invisível nasce louco. A genialidade do louco é fazer acreditar que existe loucura no gênio.

Depois que o engodo da mídia está lançado, parece que não resta mesmo opção no caminho do gênio que se excedeu segundo as convicções preconceituosas da maioria, resta deixar-se levar pela doença mais terrível. A completa destruição das ideias. Não é tão dotado de um espírito imortal então o gênio, já que perece e, às vezes, antes dos demais.

A rotina do homem invisível estabelece que algumas leis devem ser seguidas. Por exemplo, deve-se aceitar a condição de solitário sem questionar. Uma vez adentrado na disciplina da invisibilidade, o neófito deve mergulhar no mundo da ausência de companhia. Treinar o convívio consigo mesmo e com seu universo de ideias. Outra regra é que o asceta dessa maratona interior deve desistir de sonhar. O sonho contém a chama incontestável da esperança, e ter esperança é para os fracos. "Lâmina sombria e tenebrosa é esta menina devassa que os tolos cultuam e chamam estupidamente de esperança." Essa é uma máxima filosófica tão antiga quanto os mundos habitados da terra.

A respeito de um suicídio que não pôde ser freado

Na manhã do último dia do glorioso ano de 2011, Renato avaliava uma oferta de emprego que decidiu aceitar. Teria mais um dia de descanso, que passou na companhia dos confrades da ordem invisível. Quando leu as notícias do dia, no jornal estadual *O Vigia*, entendeu que, apesar do cenário político complicado, o ano novo vinha com promessa de melhorias em vários setores. A vida parecia acontecer segundo a previsão desses intelectuais da economia, da política e da sociologia. Dentre as coisas que lhe ocorreram, enquanto escovava os dentes e torcia o registro da torneira, olhando seu reflexo no espelho, os olhos azuis vivos e os cabelos loiros bagunçados, uma delas foi a lembrança do dia em que comprou um disco póstumo da banda Legião Urbana numa loja de discos em Niterói, no ano de 1998, quando era bem jovem. Daquelas canções só se identificou com as que poderiam fazê-lo refletir sobre sua insatisfação com a sua própria vida. Não quis tirar conclusões menores baseadas numa lembrança antiga. Acreditou que naquele tempo gostava da banda e que devia ter em um ou mais integrantes uma espécie de ídolo e influenciador. Mas pensou que o que tinha em comum com o vocalista, que morrera dois anos antes do seu passeio pelo litoral fluminense, era o primeiro nome. Talvez, e isso ele pensou meio sem preocupação e não sentiu nenhum desconforto, poderiam ter uma vocação para o suicídio, que os tornaria mais íntimos, mesmo um não existindo mais e o outro possuindo um gosto duvidoso por canções melancólicas. Riu de si mesmo.

Nos anos anteriores, a moda na cidade era cultuar as bandas de *rock* que se consolidaram em Brasília. Então podia-se ver um certo ar superior nos garotos que tinham entre 15 e 20 anos, que fazia jus a uma certa revolta estabelecida pela música de protesto, duvidoso protesto. Esses jovens que não se entendem, que se julgam vítimas e incompreendidos e se veem refletidos na música que representa toda uma geração de revoltados, não eram novidade da época. Esse comportamento era coisa por demais repetida em outros lugares e em outros períodos. Pelas calçadas escuras de sua cidade, especificamente numa rua chamada Barão de Cotegipe, podia-se ver uma horda de uniformizados, de preto, resvalando nos adultos cansados e disparando frases de efeito. O bar do *rock*, como ficou conhecido nos anos de 1990, ficava na Avenida Central, que dividia a cidade nas regiões norte e sul, e de onde proviam os novos discípulos da filosofia da revolta.

Renato passou de revoltado para invisível sem questionar muito as diferenças entre as duas filosofias. Dizia apenas que a revolta é um direito absoluto de todo ser humano. "Se não restar nada, ainda tens a revolta como consolo." Nas ruas de Ribeirão Preto, nos anos que frequentou a faculdade de Biologia, decidiu esquecer quaisquer movimentos idealistas para fazer carreira como cientista. Voltou como mais um formado portador de um diploma de curso superior e visitou a casa dos esquecidos. Tornou-se professor do ensino fundamental e agora decidiu largar tudo para trabalhar na gerência da empresa que fabrica caixas de metal para guardar correspondências nas casas, por sugestão de algum parente que acredita que essa seja a maior das boas ações.

O caso dos meninos que ouviam *rock*, há vinte anos, rendeu adultos que são rotulados como "aqueles que falam demais", no presente. Sempre se gabam de um passado muito melhor que não volta mais e que a juventude que hoje perambula pelas mesmas ruas que eles comandavam não sabe realmente o que faz. O divertido momento que encantava os olhos presumidamente sérios do passado sempre será melhor que os encantos modernos e, não se pode discutir sobre isso, as novidades que atentam o comportamento dos novos jovens é sempre desagradável para os velhos e uma maravilha para esses mesmos jovens. Uma criação da época para aquela época. É pretensioso o discurso dos que defendem o que escolheram para si próprios. Não há coisa melhor na vida que descartar a imposição, e o herói é aquele que atira as regras no lixo e apresenta uma bandeira de liberdade.

*

Quando o último dia do ano se encerrou, havia na porta da Confraria, sem saber do que se tratava o local, duas graciosas damas que chamaram a atenção de Renato e de Pedro. Mas o ser invisível tem normas para cumprir e pensaram que poderiam despertar a qualquer momento o interesse das garotas por anciões que se interessam por reuniões num porão sombrio. O curioso é que apesar de Pedro ter decidido passar cautelosamente despercebido pelas moças e Renato ter concordado, o segundo não ficou à vontade. Depois de caminharem duas quadras e terem certeza que não mais poderiam ser vistos, Renato fez perguntas indiscretas sobre escolhas e decisões. E ao que consta aos homens invisíveis e suas inquietudes íntimas, não esperava que houvesse uma resposta direta.

Um pelo outro, guardadas as devidas proporções e importâncias, é possível narrar episódios espetaculares ou estranhos. A característica de promover o tumulto ou de pensar sobre a inutilidade humana, em algumas ordens que se propuseram a isso, como é o caso desta dos homens invisíveis, estão separadas por uma linha muito tênue.

Quando o velho e altamente condecorado capitão do Exército João Madeira Siqueira relatou numa carta, que deixou no quarto número 302 do Hotel da Campanha em São

José do Rio Preto, em 2003, sobre a deficiência emocional do homem, alguns célebres intelectuais choraram e sentiram uma dor que não se pode medir nem comparar. O capitão escreveu em três laudas – coisa que raramente fazia era escrever, pois sempre fora um homem de ação –, que confuso era dar a alguém consciência de sua frágil existência, pois cada ser sofre e morre e, em algum momento, sabe exatamente que isso vai acontecer e, ainda, que não é possível evitar. Ele também pensou que poderíamos ser como uma comunidade de cavalos que vivem felizes até serem, por uma mágica fabulosa, dotados da capacidade de perceberem-se vivos e tomam conhecimento de sua ínfima e delicada condição. Disse ainda, em sua eloquente carta, que somos todos condenados à morte desde que nascemos. Matou-se com um tiro de 38, na cabeça, da arma que mantinha desde que entrou nas Forças Armadas e que cuidava com um zelo admirável.

Das questões que Renato dirigiu a Pedro, a que fez o amigo pensar foi exatamente a seguinte: "Não precisamos conversar com aquelas garotas, não é companheiro? Já estamos mortos mesmo. Não concorda?" Separaram-se rapidamente, visto que não deviam manter uma amizade tão sólida e sabiam também que o seu dever era cultivar a solidão como principal atributo da invisibilidade.

É claro que a maturidade de Renato o levou ao mesmo destino do cantor de *Sagrado coração* e do capitão João Madeira Siqueira. Morreu por sua própria decisão e iniciativa na madrugada do primeiro dia do ano de 2012 e relatou num bilhete que o novo ano começava de forma magnífica. Depois escreveu a lápis, umas duas linhas abaixo:

"'Passo fundamental da invisibilidade: elimine-se!', por Renato Amadeus Formiga, confrade e discípulo de porra nenhuma."

Das sete chaves que abrem a porta que leva ao centro da ideia

"Em algum lugar, agora, alguém tomou consciência de sua inutilidade", pensou Pedro enquanto colocava, há mais ou menos dez anos, a sua melhor roupa numa mala de viagem. Antes, havia dito para a sua mulher: "Eu não sou desses que são dados a ouvir sem nunca dizer uma palavra. Gosto de atenção." A mulher dizia que o amava, mas dominava o pouco que restou da masculinidade que quase perdera em função do casamento apressado. Tarde da noite andou pelas ruas vagando sem saber direito para onde iria. Deitou-se numa cama de hotel e dormiu como nunca. Quando acordou, decidiu recomeçar.

Quando Pedro viu o corpo de Renato dentro do caixão simples, cujo acabamento imitava madeira nobre, pensou que não havia sentido algum naquela morte. "E são assim as mortes", concluiu em seguida: "Sem sentido!". Desejou que a sua viesse na madrugada, enquanto dormia. Enterrar Renato era, comprovadamente, umas das provas do fracasso da Confraria. "Algo que começa com grande força dura mais", pensou. Mas também percebeu, olhando para o distante horizonte imaginando onde está o paraíso que todas as religiões propõem, mas que nenhuma prova a existência, que se estivesse em casa, com a mulher que falsamente dizia que o amava, não teria presenciado tão odiosa e triste cena.

Antes de morar nessa cidade tranquila, cujas ruas estreitas do centro irritam os motoristas apressados e tornam o caminhar dos velhos menos tranquilo, Pedro embriagou-se na descoberta da aventura. Visto que os jovens são sempre impulsivos e a ideia de se estabilizarem em um local fixo é aterradora, Pedro, como bom jovem que foi, assumiu esse discurso para si e viajou como andarilho por vários lugares do mundo. Não que tenha em sua bagagem grandiosa experiência, deve ter visitado uns cinco ou seis países, todos da América do Sul, mas sentia profundo orgulho das histórias que contava. O primeiro homem da Confraria confiava em Pedro como em um irmão. Então usava os seus relatos para sustentar suas lições, como exemplos reais e prováveis.

A curiosa amizade de Pedro com todos os membros, por causa de sua simpatia e eloquência, causava desgaste e ciúmes, mas foi depois da morte de Renato que o mundo dos confrades ganhou uma estabilidade inesperada. Então, depois do velório de Renato, no salão da Confraria, Pedro propôs uma missão ao grupo baseada nas suas aventuras. Quis dizer que havia uma maneira de se tornar um homem com os atributos da invisibilidade, comprometendo-se não só com os mandamentos da Lei invisível, mas com algumas chaves importantes, cada uma representada por uma palavra que indicava uma ação. Assim como em um conto que ouviu quando visitou o Equador. O povo da cidade de *** dizia que um homem só pode ser feliz se descobrir o caminho para o centro da ideia. E por ideia entende-se a resposta para as perguntas mais fundamentais que inquietam o coração de qualquer um. Antes de entrar na caverna sinistra e descomunal, precisa-se ter nas mãos as sete chaves que abrem as sete fechaduras da enorme porta do templo que leva ao altar da ideia. Assim Pedro relatou que essas sete chaves são:

1. Revolta;
2. Dignidade;
3. Culpa;
4. Resignação;
5. Coragem;
6. Iniciativa;
7. Morte.

Os outros perguntaram se a última das chaves era literal. Pedro pediu que refletissem demoradamente. Noutra ocasião voltariam a falar sobre o assunto. Depois contou uma história sobre o filho de um índio que queria matar a mãe com um beijo. Todos riram e foi a última coisa que fizeram depois do velório do irmão que desaparecera do mundo por sua própria decisão.

O diagnóstico de um ex-padre

Da infância para juventude precoce, numa quantidade de tempo que o viajante não pode mensurar com a mesma qualidade e rigor que um observador externo é capaz de fazer, as vidas de dois insólitos homens invisíveis se cruzam inesperadamente. E não podendo confraternizar em quaisquer locais fora da sede da Confraria, eles submetem-se à conduta inesperada. Dois invisíveis, se sabem nessa condição, tendem a temer a capacidade que um outro tem de detectá-los. Uma impossibilidade da matéria-prima do homem invisível é a capacidade de tornar-se maior do que é, ilimitando suas dimensões para tornar-se cada vez mais presente e importante. Na verdade, a substância primordial da invisibilidade tende a tornar menor cada ser que a executa, especialmente os que estão treinados. Uma fresta no horizonte da noite que acomete o ser invisível pode conter as dores do mundo de outrora que foram supostamente eliminadas pelo messias que se submeteu às dores da carne, dores que os invisíveis evitam afastando o mundo e as pessoas.

Antes de sua ruptura com a realidade, quando de sua passagem pela cidade de Goiânia, com o intuito cortês de atender a um pedido de um amigo próximo, membro de uma entidade de estudos avançados sobre a natureza do messias cristão, o ex-padre Joaquim Nabuco, estudioso de todos os assuntos relacionados à morte de Jesus de Nazaré, fez uma palestra interessante que contou com a presença de dois homens invisíveis incautos e ainda não atuantes: Pedro e Inácio. A cidade estava em tempo de flores de ipê e parecia que um tapete amarelo forrava o chão enquanto o céu carecia de seu azul costumeiro. Como o calor, coisa normal por essas paragens, judiava de todos, a intenção da palestra fora boicotada pelos desígnios da natureza, uma ironia muito comum. Joaquim era dono de um verbo poderoso e de perturbações esporádicas que naquele dia se contiveram e, infelizmente, não surpreendeu ninguém de forma negativa. Depois de uma palestra particular com dois ou mais dos membros mais respeitados da sociedade, pediu água e caminhou pela Avenida Tocantins aguardando o momento em que falaria ao público maior. Pedro reparou que os fios de alta tensão permitiam que os pássaros repousassem tranquilamente e, mesmo com o barulho escandaloso dos motores e das buzinas, podia ouvir um assovio bucólico. Os cartazes de disciplina sobre asseio urbano e cuidado com a limpeza da cidade chamou a atenção do especialista que já caminhava de volta. Ao posicionar-se no púlpito, quis falar mais sobre suicídio e assassinato do que sobre o messias judeu. Se não fosse a cara feia e o aceno de um dos velhos, ele teria perseguido essa ideia até bem mais adiante. Depois veio a fome de todos os males e o colocou estático olhando para o nada por longos dois minutos que fez com que todo o público sentisse um constrangimento deprimente. Estava em uma conferência consigo mesmo e sua expressão revelou transtorno primeiro, depois uma maravilhosa determinação. Voltou a si e disse que Jesus era suicida. Os olhos arregalados revelavam que o silêncio aterrador era coisa melhor de se presenciar do que tal afirmação descomedida e, por serem em grande número religiosos, os presentes logo tomariam a decisão de deixarem o auditório para não terem que ouvir banalidades. Os presentes teriam abandonado o auditório, sem olhar para trás, não fosse a etiqueta e o convite tão caridoso do líder que falou anteriormente, com eloquente presença, que o tal palestrante era gente demasiada respeitada e competente. Assim, apenas os mais exaltados deixaram o recinto. Continuou dizendo que o mestre nazareno poderia também ter sido assassinado: "Se Jesus era supostamente o filho de Deus, então cometeu suicídio. Deixar-se imolar por livre vontade, tendo em suas mãos infinitos poderes e ligação direta com o ser mais poderoso de todos, e não querer libertar-se, ou ainda, deixar-se ser preso e acorrentado, significa suicídio. Até o momento da crucificação entendo que poderia desfazer-se de tamanha complicação. Mesmo assim, deixou acontecer o pior a si mesmo, por desejo, então significa, sem dúvida alguma, suicídio." A plateia não rebateu. Alguns resmungaram, mas a postura de delicadeza e cortesia exigiu seu momento e não deixou que nada a afetasse. Melhor para Joaquim, que prosseguiu falando. Suava na testa como nunca, pois o calor não abria mão de massacrar.

Na verdade, o dilúvio é a glória do náufrago. Assim que seu barco se choca com uma rocha e ele perde todo o controle, fica à deriva num bote salva-vidas que vai parar numa ilha deserta. Já que vai morrer, é melhor que todo o mundo se afunde em água. O ex-padre, cujo sobrenome pertencia a uma família de robustos intelectuais portugueses, que vieram para o Brasil fugindo de uma crise financeira que acometeu a família, tinha nome de santo e postura rude e ameaçadora. Inquiridor. Suado e pesado, carregando a obrigação da dúvida e a vontade de questionar, queria contar sua teoria. Pensava sobre o Cristo da seguinte forma: Fora um suicida ou fora assassinado. Em um dos casos ele era, supostamente, o filho de Deus. É claro que tinha seus motivos para afirmar que o Salvador do mundo tinha tirado a própria vida. E é assim que narra o famigerado livro: "O cordeiro foi para o abate por vontade própria." Não é possível que o filho do criador, dotado de poderes sobrenaturais, que mantém estreita relação com o Ser Todo-Poderoso, criador e mantenedor de todas as coisas, não fosse capaz de fugir dos seus algozes. Algemas seriam laços de papel e correntes anéis de plástico barato.

Um ponto final em relação à questão relacionada a uma adaga enferrujada

Para que o correto compromisso com a verdade seja cumprido e para que conste a intenção honesta do autor deste manual, como rezam as tradições de civilidade entre pessoas, especialmente as desconhecidas entre si, ou seja, aquelas que não foram devidamente apresentadas, se faz imperativo que eu diga o nome completo do ex-padre e, em suma, dê um motivo razoável para o abandono da batina por parte desse culto senhor. O nome: Joaquim Nabuco Misericórdia. Isso mesmo, como uma ironia macabra, qualquer coisa de premonitória na antecedência materna. Do pouco que vou contar ainda tenho que nasceu em São Gonçalo, Minas Gerais, de pai e mãe analfabetos, bisnetos de ricos portugueses cultos que faliram no Brasil e deixaram para os filhos apenas miséria como herança, mas eram honestos e orgulhosos. Foi ordenado aos 25 anos. Não durou muito como padre.

O engenheiro francês Augusto Duprê, escritor talentoso, conhecido como *O colecionador de facas*, que curiosamente foi morto pela sua esposa com uma das suas mais significativas e raras adagas, de origem egípcia, valiosa mas imprestável, coisa que motivou a mulher a testar a peça depois de uma disputa ridícula sobre a presteza, apesar da idade, do valioso objeto – disputa estimulada pelo próprio morto –, hospedou o ex-padre em sua casa durante uma visita que ele fez a Paris em meados da década de 1990. Acirrados e calorosos debates sobre iluminismo, existencialismo e introspecção, e com a amizade apontando para o mais alto grau de cumplicidade, motivaram Augusto a escrever um conto fantástico que elucidava os motivos que levaram Joaquim a deixar a batina, no passado. O conto foi publicado na edição semanal do jornal *Alerta Parisiense*, na popular sessão de "Contos, crônicas e distúrbios", em 23 de agosto de 1996, uma sexta-feira como era de costume, um mês antes da morte do engenheiro. Deu-se na prosa a alcunha de Norberto, virulento e indisposto personagem fantástico como queria de si mesmo em segredo. Na verdade Norberto era figura de uma série de episódios inusitados que durariam ainda uma dúzia de histórias, que levariam a cabo um ano de atuação no semanário, ocorrendo toda última sexta-feira de cada mês. Inaugurada com a fantasia elaborada sobre um momento muito específico da vida de Joaquim Nabuco, o texto da primeira e única aventura de Norberto é o assunto do capítulo seguinte.

A visão de Norberto e a dura onda de matéria que matou Joaquim Nabuco de sede

Quando da sua morte, Joaquim Nabuco não viu uma saída. Como foi contado pelo sonhador Norberto, que nunca estava concentrado em coisa alguma, mas que resolveu atentar para o caminhar de uma dama sombria de olhos negros e vestido peculiar, Joaquim surgiu do céu junto com uma tempestade e vento, trazendo a tragédia de sua cidade em uma chuva de coisas sólidas que deitou-se sobre o solo como uma placa infinita formada pela aglomeração de objetos estranhos. As coisas que chegaram do céu desacoplaram-se e vibraram sobre os corpos dos prédios perseguindo Joaquim, que gritou os nomes de todos os santos da sua fé. Norberto conta, ainda, que a moça gótica escapou ilesa porque se debruçou sobre o colo de um homem negro e forte que sustentou a onda com a força de suas pernas estranhamente compridas. Então ele pôde observar com uma atenção inédita o apocalipse que arrasou os quarteirões até onde sua vista, antes inútil, pôde alcançar. Ao invés da moça, Norberto viu Joaquim, sem sorte, gritando com a força de sua frágil fé, por um socorro impossível, que pudesse vir de um lugar improvável. Joaquim afugentou os pássaros que, confusos, atacaram os feridos do desastre. O grito ensurdecedor, que Norberto ouviu e descreveu com assombro, secou a garganta ferida e podre de Joaquim. Amassado pelos escombros das peças metálicas que trouxe consigo na queda, pediu água. A sede torturava e fazia o corpo perecer. Morreu observando os olhos brilhantes de Norberto acompanhando a moça, que vestia preto, ser acolhida pelo gigante de ébano.

Das maravilhas de um mundo velho e decadente

Conta-se que as comunidades mais antigas do mundo, aquelas que apenas com o tempo não se podem mensurar a idade, pregavam que existe um rigoroso número de possibilidades para a morte. Não é possível que alguém morra sem que se conheça precisamente o número correspondente ao seu tipo de morte. É então muito entendido, pelos mais velhos habitantes das regiões inóspitas da terra, em especial naqueles locais próximos de nós, que fingimos não conhecer, como o interior dos estados do Norte, onde algumas tribos indígenas ainda mantêm características bastante primordiais de sua cultura, que três órgãos desmoronam, de formas diferentes, na hora da morte. Mas antes, o número preciso, que sintetiza a exata dor e o tempo em que os olhos podem aguentar sem enxergar uma fina luz áurea, surge tão nítido e preciso que o observador mede a sua real importância quando a natureza encaminha o evento catastrófico que consiste em ceifar a sua vida. O ritual que introduz o homem na estrada do neófito contador de parábolas, aos moldes do essênio, do vale de Enggada, aquele mesmo Judeu que supostamente andou fazendo milagres, é a comunhão com o nada. Dentro de uma urna de madeira, bem vedada, o homem que quer conhecer a si mesmo experimenta o total isolamento e ouve, intimamente, 72 melodias sinistras e arrasadoras que nunca se repetem, nunca são as mesmas quando executadas, em momentos distintos, para duas pessoas. O obelisco da certeza é uma obra de mais de 2000 anos que reside ninguém sabe onde. Conta-se também que poucos mestres tiveram acesso à maravilha tão massacrante e fortalecedora. Outros dizem que na passagem de específicos homens pelo mundo, importantes sem serem exaltados ou sem terem seus atos registrados em pergaminhos ou matérias de revistas, jornais ou livros, o rastro da invisibilidade é deixado de maneira sutil para que apenas inspiradas mentes percebam. É claro que Jesus foi um grande mestre da invisibilidade. Não fosse sua necessidade essênia de propagar suas ideias, menos maduras, para todas as pessoas por parábolas ("porque nada há encoberto que não haja de revelar-se, nem oculto que não haja de saber-se"), já que explicitamente poderia gerar uma estupenda contradição com a postura do homem invisível, ele teria passado despercebido, como é esperado que seja.

Joana, o preconceito, o Apocalipse e o herdeiro da causa

Quando Joana pediu uma trégua, olhando para suas roupas molhadas, esparramadas pelo chão, já era tarde. Toda a volúpia transformara-se em terror e as noções de certo e errado foram dispersas ao vento subindo erraticamente em direção ao céu tenebroso de dezembro. A voz rouca da mulher deslizou para a mudez e, com a massa de suor amarelado invadindo a boca, teve que respirar apenas pelo nariz e abriu os olhos com muito esforço para impedir o último delírio antes do sofrimento derradeiro, aquele que anuncia a morte. Descendo do mesmo firmamento cobre, que desnuda ouro de ilusões institucionais, veio a mágoa do primeiro cavaleiro divino, o instrutor da discórdia dos homens mais velhos do mundo. Trazendo os três movimentos fundamentais: morte, fome e guerra, e apelidando as mulheres de domésticas, gritava solicitando uma porção de carne crua para os leões. Tinha uma música rabiscada na sela do cavalo que montava e na testa todos os algoritmos da inocência desfeita.

Da morte de Joana nasceu um livro que contém todos os postulados da esfera comportamental, escritos com todos os caracteres conhecidos. Seu corpo descia para a avalanche de vermes enquanto retumbava no horizonte a voz de um segundo cavaleiro. Esse tinha a nuvem das ideias descaradamente apresentada à sua frente e cobria a sua testa, mas permitia escaparem os cabelos. Dos olhos não se viam as cores e apenas a boca fazia sentido no rosto, visto que percebemos só o que já apreendemos no passado. Duas formas de corrente meio confusas entrelaçavam-se milhares de vezes em suas pernas e não o permitiam andar e também por isso montava ao estilo de uma amazona. Erguendo as mãos, pediu com voz grave o corpo de Joana. De posse da matéria que exigiu, mergulhou numa singularidade que criou instantemente com o pensamento e a força de suas assustadoras correntes.

À sua espera, no abismo negro, estava um terceiro cavaleiro. Um menino albino num cavalo avassaladoramente grande com uma crina que cobria todas as planícies da terra. E gritou com sua voz de pássaro matutino uma nota única. E nuvens brotaram do nada, transformando-se em chuva de sangue. Banhada do sonho do segundo cavaleiro, Joana acordou num outro espetáculo. Deitou-se à maneira ascética numa cama de pregos pontiagudos e foi convencida a copular com um quarto cavaleiro que assombrava o primeiro e o segundo mundos com sua beleza extraordinária. Pasmos, os homens que infringiram a lei da conduta sobre os corpos puros, que não devem ser tocados viram Joana gestar o herdeiro da causa. O filho dessa junção só pode ser a cobra que nunca dorme, fruto da antiga profecia ditada pelos lábios de velhos monges que não escrevem o que sabem e não abrem os olhos durante o dia. O rebento crescerá e estará, em breve, caminhando no mundo e, também foi proferido, seus passos não podem ser percebidos na areia.

A ideia

Existe uma lenda maçônica que narra a aventura de três magos que viajam ao centro da ideia. Indiscutível é a densidade de episódios fantásticos que esses três andarilhos encaram. Depois de muito embrenharem nas grutas mais sinistras do mundo, que guardam as relíquias de um passado místico, eles se deparam com a coisa mais preciosa imaginável: o nome de Deus. O centro da ideia é o lugar onde a ruptura com o cotidiano acontece. No centro da ideia está a maravilha da invisibilidade. O nome cultuado pelos magos, a estrela de cinco pontas que corta na direção do infinito, é a capacidade de desligar-se completamente do mundo material, tornar-se camuflado dos olhos insanos, assim como o nome que ninguém lê, que nunca pode ser pronunciado.

Da busca de uma matemática precisa que estrutura o mundo regido pela ideia

Uma matemática precisa é o que parece reivindicar a classe esquisita dos homens notáveis, ditos invisíveis; categoria autodenominada e autoelegida. Os caracteres da segunda onda, que consola apenas os mais fracos, também trazem a impressão da conduta e da discórdia, dois atributos que caminham juntos. O que se atribui como segunda camada, ou segunda onda, é a mais louca e transversal modalidade de estabilidade que possui o homem invisível. O que quer se entender por matemática, num texto que tenta discernir o macaco falante do asceta multidimensional é uma rigorosa teia de algoritmos que o atleta organiza num esquema mental e paralelo à sua crescente capacidade de não ser visto. Quando as características mais importantes da invisibilidade surgem, inicia-se um espetáculo geométrico interno, mosaico e caleidoscópico, incrível, visto que foi arquitetado a duras penas. E não se pode dizer, nem à custa do incentivo proporcionado por muita inveja, coisa difícil na categoria dos homens invisíveis e dos outros mortais que orbitam a esfera da invisibilidade, ignorantes da estrutura poderosa e matemática, pois desconhecem a ideia de que não existe um orgulho quase infinito na concretização da difícil tarefa de desaparecer. Ressurgindo no mundo das ideias, o homem invisível torna-se um super-homem e conhece a sua própria vontade, coisa por demais difícil para aqueles que se dedicam à disciplina da comodidade.

Com relação à estrutura matemática da ideia, é preciso denunciar o seu efeito colateral: completo isolamento. Natural para o ápice da doutrina. Uma vez que o homem invisível consegue neutralizar-se completamente, e não se pode afirmar que algum homem, obviamente dentro dos círculos herméticos, tenha conseguido tal façanha, o retorno ao convívio com os outros seres humanos torna-se quase impossível. Os manuais relatam o enunciado de uma lei radical cujo texto apresenta a impossibilidade de que o homem invisível perfeito retorne à visibilidade novamente. Não é a morte, pois do alto de sua capacidade, geometricamente pensada, de desaparecer, este ser observa tudo ao seu redor. Este é, com certeza, o mais importante mandamento dessa doutrina revolucionária:

4. *Homem, torne-se completamente invisível, definitivamente e para sempre.*

Um contraditório caminho sem volta, já que o homem invisível tem a capacidade de anular-se, mas não goza do poder de tornar-se visível outra vez. É que, segundo o manual, a evolução dessa habilidade só flui num único sentido, como o tempo. Assim, não se pode desfazer a completa invisibilidade. Conseguindo, ela se torna para o discípulo a sua única e possível verdade. Parece consenso, também, escrevo isso para instigar e amparar a iniciativa, que o caminho para a invisibilidade esbarra, inevitavelmente, na revolta.

As vértebras da serpente

Parece estranha a imagem de um homem, ou homens, que não podem ser vistos mesmo existindo junto a nós em todos os ambientes comuns. Por exemplo, no saguão do aeroporto, com todas as pessoas passando umas pelas outras, se esbarrando, tomando café apressadamente, outros que transitam carregando pesadíssimas bagagens e todos os detalhes adicionais. Para falar a verdade, a descoberta de lições sobre homens que podiam caminhar entre multidões sem serem vistos foi primeiramente apresentada publicamente em um livro de gosto duvidoso pelo estudioso alemão Fritz Caju (curioso apelido escolhido por ele mesmo para divulgação artística de seu livro), que hoje vive em uma humilde comunidade de vegetarianos adeptos de uma seita estranhíssima, que acredita no surgimento de asas imateriais tão fortes que serão capazes de levar corpos interiores suprassensíveis, como dizem, a locais inóspitos e desconhecidos pelo homem, que só podem ser habitados pelo espírito. Tal comunidade encontra-se no interior de Santa Catarina e não pode ser visitada por qualquer pessoa. Em seu livro intitulado *As vértebras da serpente*, o alemão, naturalizado brasileiro, apresenta algumas descobertas sobre símbolos muito antigos que desvendam a elaborada e meticulosa sociedade rara dos homens invisíveis. Nessa literatura dramática e afetada, o ilustrado pesquisador abandona o bom senso para dizer que o messias judeu optou pela morte depois de deixar-se ver, por escolha própria, com o intuito altruísta de mudar a direção de sua doutrina e transmiti-la por meio do conhecimento essênio, visto que se iniciou às margens do mar morto, no Vale de Engadda, na forma das parábolas. Mas durou anos vivendo invisível entre os judeus de seu tempo, ainda amadurecendo a ideia de colocar em prática a sua filosofia.

Ernesto Funerária

> Voltou-se para a imagem repelente: "Cala-te", disse, "ó lobo amaldiçoado! Em ti mesmo consome a raiva ardente!"
>
> *A divina comédia*, "Inferno", Dante Alighieri

Ernesto, o pobre, morreu durante a madrugada. Parece que alguém o encontrou deitado ao lado do vaso sanitário, sujo e machucado. O coração parou tão de repente que não teve a chance nem de apertar o botão de descarga. Na verdade, nem pôde limpar as nádegas e o ânus. Melchior, o gato de Hades, contou uma história real no velório do quase anônimo Ernesto, membro da Confraria absurda dos homens que se supõem capazes da invisibilidade.

"O meu primeiro contato com Ernesto Osório Funerária – eu sei meus caros, é estranho, mas esse é de fato o nome daquele que agora, depois de muitas aventuras felizes e outras nem tanto, e infelizmente morto, eu o chamo de meu amigo – se deu numa loja de carros usados. Na época havia passado um ano desde o falecimento de meu pai e eu herdara a sua loja de automóveis antigos e usados. Cuidava atentamente do estabelecimento, mas não nutria a mesma paixão que meu pai tinha pelas máquinas. O velho dizia-se vendedor de carros e demonstrava certo orgulho com a profissão, mas no fundo mesmo era um colecionador. Alguns carros nunca eram vendidos. Adorava o velho e poético Landau LTD 1974, uma relíquia, uma arma. Ele colocava um preço altíssimo e quando obtinha uma oferta, de algum interessado, subia um pouco mais. No final estávamos quebrados e cheios de carros. Minha mãe nos deixou. Ficamos eu, o velho e as dezenas de carruagens de metal, como ele gostava de dizer. Nessa época meu objetivo era, sem muito pesar, me livrar completamente daquelas antiguidades. Latas-velhas. Não nutria nenhuma paixão e elas lembravam o velho e me faziam pensar que provavelmente ele gostava mais delas do que de mim. Deixemos de autocomiseração e vamos direto ao assunto, visto que a história não é sobre mim, e um aspirante à invisibilidade, aprendam confrades, não se deve nutrir desses sentimentos pequenos, já que me propus a contar um pouco da minha vida com o Funerária, o sujeito mais antológico que um cara simples como eu poderia conhecer. Ele surgiu na frente da loja, que era uma enorme garagem cercada por altos muros brancos e um portão marrom terrível, com grades que lembram uma sela de prisão. Parou no meio do pátio, olhava para todos os lados, vagarosamente. Vestia um sobretudo preto e usava um chapéu-coco como aquele do Carlitos. Os sapatos eram negros e podia-se ver o próprio reflexo, caso os olhasse bem de perto. O rosto estava bem escondido, pois não levantou a cabeça. As calças também pretas eram visivelmente, mesmo à distância, feitas de couro e estavam justíssimas. O sobretudo estava fechado até o pescoço e a gola levantava-se até quase cobrir as orelhas. O cabelo não era curto. Percebia-se um volume entre a gola e o pescoço.

Não conversamos muito. Ele apontou o Landau de meu pai e sorriu de forma triste e amarelada, como eu iria logo perceber, era sua marca registrada. Mostrei o interior do carro e disse que valia seu ano. Ele me perguntou: '7400,00?', ainda sorrindo. Eu disse obviamente que não, o valor seria 74.000,00. Era peça raríssima de coleção. Nem sei bem se acreditei no que disse, mas vender o velho Landau me tiraria rapidamente da penumbra financeira em que vivia naqueles tempos. 'Muito bom! Me dê uma semana e venho buscar.' Depois elogiou minha simpatia e disse que, além de um cliente, provavelmente eu havia ganhado um amigo. Disse que para os planos extremamente especiais que tinha, aquele carro seria importantíssimo. Disse ainda que via nele um *glamour* essencial para a causa da qual iria fazer parte. Não entendi muito, mas acenei afirmativamente com a cabeça. Depois falei meio apressado que aguardaria com muito prazer e que ficaria muito feliz em servi-lo nessa causa misteriosa, seja lá qual fosse ela. Cumprimentamo-nos com um aperto de mãos honesto e nos despedimos com o compromisso de realizarmos o negócio em uma semana.

Funerária não retornou até que se passasse um mês e dois dias. Depois chegou novamente como uma aparição sinistra no meio do dia e agiu como se nunca tivesse me visto na vida. 'Quero o Landau!' E me pagou em dinheiro, coisa muito rara. Veio com uma mochila enorme e rasgada e com cerca da metade do valor que havíamos combinado. Depois de muita conversa e lamentações, decidi que venderia o carro pelo valor que estava na mochila. Ele se foi com a preciosidade do meu pai. E eu fiquei apenas com dinheiro.

O garoto visitava-me periodicamente. Contava suas aventuras na noite e dava-me conselhos sobre segurança. 'Nunca ande sozinho pelas ruas da Vila Formosa. Especialmente entre as 22 horas e meia-noite.' Eu acenava e ele abria um sorriso triste e amarelado. Chamava-me de John Bohan, coisa que também nunca entendi e também nunca questionei. No final das contas éramos uma espécie de irmãos e confidentes.

Quando era garoto, Funerária foi sozinho ao parque de diversões e jogou bolinhas em latas de refrigerante o dia inteiro na esperança de ganhar um boneco de ação. Cansou-se das inúmeras derrotas e foi consolado por um homem gordo e bigodudo que, acalentando seu ego destruído, mostrou-lhe as possibilidades para um garoto em um mundo demasiadamente desonesto.

Funerária me contou que certa vez havia desistido de tudo, pensou em se matar e a essa altura da vida tinha apenas dezenove anos. Tinha comido um sanduíche imenso no horário do almoço e tomado uma cerveja, segundo ele, sem álcool. Não fazia seu estilo. Revoltado e de estômago cheio, pegou o velho Corcel 1972 do pai e atirou-se em velocidade máxima (que não é grande coisa) na rodovia, sem sentido certo. Capotou o carro que foi arremessado, devido à velocidade, numa ribanceira nas proximidades de um vilarejo que, na época, era conhecido como Os três ranchos. Contou-me que durante a queda, enquanto rodava dentro do carro, teve a impressão que o veículo flutuava, e teve uma epifania, ou foi apenas uma cólica no estômago, não soube precisar ao certo. Mas vislumbrou um mundo melhor onde, sendo um justiceiro, tomava as dores dos mais fracos como suas, corrigia pessoas más com suas próprias mãos; queria ser um super-herói!

Foi assim que Ernesto tornou-se o destemido aventureiro das noites, atrás de ação e justiça, conhecido simplesmente como Funerária. Era a novidade positiva em uma cidade que afundava e clamava por mudança. Vestiu uma indumentária estranha. Colocou uma farda preta e um coturno alto. Usava um chapéu bem escuro e um lenço cobrindo o rosto. Um taco de golfe e um revólver 38. Usou o Landau LTD preto de 1974, aquele que comprou usando toda a sua economia. Mantinha o carro sempre funcionando à custa de muitos favores. Por exemplo, fazia uma espécie de ronda nas proximidades de uma oficina mecânica e o mecânico, seu cúmplice, resolvia todos os problemas de motor. Os novos adeptos da postura de homem com coragem, que num ato de loucura trocou o sossego pela perspectiva da morte na noite, atraindo o mal com as próprias mãos, marcharam em conjunto e defenderam o seu comportamento. Funerária fazia seu trabalho. Batia em uns malandros, tomava uma surra às vezes. Por uma dúzia de vezes o mecânico o levou ao pronto-socorro. Colecionou também algumas cicatrizes e ossos quebrados.

O tempo de justiceiro não demorou a se esgotar. O super-herói paupérrimo definhou. A moda esfriou e logo não passou de uma notícia antiga. Mais um artefato curioso que tenta enfeitar a cidade suja. Alguns inimigos que conquistou em sua empreitada fizeram mais fama e mais adeptos. Sua estrutura ruiu e o corpo, cansado, não acompanhou a ideia essencial que parecia extraordinária no início. Funerária era um homem de atitude, mas também era, como não é difícil supor, melancólico e solitário. Cansou da aventura, cansou do carro, cansou de si mesmo. Os noticiários marcavam o início de uma nova era de crimes que parece ter aumentado com a presença do guardião. Sem avaliar os motivos declinou de sua vontade e o anonimato pareceu uma boa ideia. Fazer justiça sem que nunca soubessem o alter ego do herói, uma opção que vem de encontro com outra filosofia que eu estava tentando construir sistematicamente, parecia altruísta, mas sem grandes louros para serem comemorados. Funerária vislumbrou a minha alternativa de comportamento quando lhe ofereci uma troca justa. Mas um infarto não é boa morte para um herói. Seu próprio corpo o traiu. Secou, desistiu, definhou categoricamente e deu um golpe certeiro. Ironia. Funerária sempre me dizia que deveria ter morrido no acidente de carro. 'Morrer em alta velocidade, isso sim é uma morte de herói. Um desses aventureiros pode até ser recolhido ao Valhalla por uma trindade de Valquírias.' Dizia, sorrindo o seu sorriso triste e amarelo.

Epílogo precoce

Melchior não contou que o motivo pelo qual Funerária escolheu a Confraria, ao invés da sua vida de combatente do crime, foi a presença de um tal Homem de verde.

Sobre uma rosa menina

> Entre esse ser maravilhoso e eu existe um vínculo secreto.
>
> *O túnel*, Ernesto Sabato

Um truque eficaz contra a tristeza é a lembrança de um evento do passado que marcou ou que trouxe infinita alegria. Inspira os olhos da mulher que reconheceu no homem um suspiro de grandeza. Mas o homem invisível quer se distanciar da glória. Assim ele canta para o seu passado em silêncio, dizendo de si para si cânticos profundamente enaltecedores. Cria uma imagem tão irreal de amor que suplica para os seus sonhos que o abandonem num limbo de sofrimento. E declama versos tão marcantes que quase o fazem desistir de não ser notado e pensar em recitar no ouvido de uma musa elegida com sabedoria e persistência. O homem invisível canta:

Vejo as suas flores, e são pequenas rosas desenhadas em castelos, apenas em corredores de solidão lamentosa. Eu fui criado à sombra projetada pelo bloqueio de uma luz branca, atenuada, que muito cedo descobriu-se menina. De negar seus encantos encontrou-se com a mais velha regra do mundo e precisou voltar para um pouco acima dos seus tetos de outrora.

Rosas! Recolhidas para o avental da moça que brinca de madame e não se refere a si mesma como dona, mas que presta singelas homenagens aos seus brinquedos holográficos ornados somente de lindas rosas alvirrubras.

Toda rosa nasce e reprime-se na alvorada. No dia que se segue, arrepende-se do amor que deixou na paisagem e desabrocha em choro tão delicado e inexplicável que, ingênuos, nós chamamos de orvalho. E se não cresce para alturas além de suas mãos imaginárias que se erguem acima dos muros que dividem belas e geométricas cidades, é devido à sua nudez tão natural e permitida, que se recusa a depreciar.

Eu nasci na orla da tempestade e criei-me numa crista de onda marinha, tão sólida que cobriu uma aldeia inteira de sonhadores. E deixei-me influenciar pelo perfume da rosa, que sutilmente enfeitou os delicados e oscilantes carrosséis luxuosos de minha infância.

É bem verdade que só percebi mais tarde a força curadora do orvalho e, por vontade própria, banhei-me nesses sais tão gloriosos enquanto a rosa dos dias, que me encontra e renova, cresce para o íntimo de terras nunca antes conhecidas.

A luz que por sofreguidão manteve-se clara diz amar a todo custo e custa saber-se de si mesma a fé, que antes devotada aos homens, de tão esmaecida precisou guardar. De homens que não se entendem, cansou. Levantou-se na madrugada para iluminar a única estrada que merece. E num músculo maiúsculo, devasso e proibido mergulhou com intuitos ascendentes e tão puros que se branqueou ainda mais. Morreu como morrem as luzes brancas, na agonia do novo dia que nasce escandalizando as sombras, engolida pela maior fonte, insensível.

E desenhos de rosas que se permitem serem iluminadas por luzes tristes persistentes são os olhos da única moça santa, que dança descalça nas calçadas matutinas e que estão molhadas para sempre.

*

Curioso que homens que não desejam mais ser observados, ou reparados, como é mais inteligente mencionar, gostem de poesia. E, em geral, eles gostam bastante. Um policial eficaz, chamado Lourenço de Jesus, chamou a atenção dos confrades quando declarou que matou mais de uma vez em nome da justiça, e todas as vezes que via o corpo alvejado dar o seu último suspiro vinha-lhe à memória imediatamente versos sonoros de um poema belíssimo que ouvira de sua mãe na infância.

Os confrades tiveram a infantil impressão que esse homem possui o mesmo sentido para a natureza que eles. Matar alguém parece análogo a matar-se quantitativamente. Se projetarmos nossa estrutura interna, nossa personalidade, e dividi-la em pessoas com características específicas, tais como: aquela que gosta, aquela que odeia, aquela que ri, aquela que sofre; teremos um grupo imensamente grande de alvos para alvejarmos com tiros letais que intencionam destruir completamente cada uma dessas pessoas mentais. Aí talvez o perfume da infância venha à memória acompanhado de versos que podem fazer sorrir um eu inaugurado, advindo da reforma radical.

Seres invisíveis simplesmente querem da vida uns versos, mas não sabem exatamente explicar de onde surgem, o que os impele nascer no berço da necessidade. Outros poemas vão surgir, não podem, nem devem ser de autoria desses seres, mas serão sonoros e consoladores. A tristeza, que é um produto da solidão da busca pela invisibilidade, encontrou seu algoz: a poesia. Sem ser piegas ou gastar o trato desta arte com palavras pobres, tais como aquelas usadas por pseudopoetas, "poesia é vida", "poesia: a alma das coisas", "meu amor cheira a poesia quando passa, quando chora", os versos inefáveis, que ostentam a fórmula do consolo dos confrades, é algo que foge das rotinas desses grupos menores que se reúnem para os saraus macabros, nas matinês detestáveis, onde a noite jovem suplica o nascer da madrugada para transformar a essência mínima dos incautos mediadores, dessas festas incoerentes, e consolidá-la em medo, essa fórmula de alegria mórbida e pueril.

Os homens invisíveis, então, vão-se lentamente à organização da solidão infiltrados nessa cápsula de segurança e liberdade.

O tempo em seu tempo

Na manhã do dia em que Ricardo morreu, tudo parecia tão calmo e a brisa trazia um cheiro incomum. Na entrada de sua casa estavam parados Pedro e Primeiro (chamaremos o primeiro homem da confraria apenas de Primeiro a partir daqui, adiante apresentarei explicações), bem no primeiro degrau. Atrás deles estavam Inácio e Joaquim, mudos e com os rostos meio abobados. Os quatro vieram atender a um chamado do confrade. Esperaram à porta enquanto Ricardo vagarosamente veio atender ao chamado da campainha. Na frente da casa, cumprimentou cada um pelo primeiro nome, na verdade era só o que sabia. Deixou na mão de cada um o que chamou de lembrança póstuma. Um cartão preto com versos de Cummings, em letras douradas, e no final um pedido de desculpas. Antes que Primeiro pudesse falar, saltou para dentro de casa e trancou a porta. Deu duas voltas na chave e correu para a cozinha. Os que estavam do lado de fora começaram a gritar e batiam com força na porta e nas janelas. Primeiro pediu para Pedro chamar a polícia. Não demorou e os quatro ouviram um barulho oco e um gemido.

Na semana anterior, Ricardo assistiu ao insólito *O sétimo selo* de Ingmar Bergman, ficou ensimesmado e deprimido, e refletiu durante horas sobre o seu poder natural de invisibilidade. De fato, Ricardo era naturalmente invisível para pessoas relevantes profissionalmente. Em qualquer local que trabalhasse, passava despercebido. Tinha apenas um talento inútil para homens que se interessam pela doutrina da invisibilidade: era um conquistador inveterado. Na verdade esse ramo de atuação só lhe rendeu desgostos. Havia igualmente amado três mulheres, simultaneamente. Enquanto estava casado apaixonou-se pela esposa de um homem santo e quis que todas as correntes do mundo o puxassem para o abismo infernal sem fim antes que ele arrancasse aquela dona do lar de mulher honesta e mãe cuidadosa.

Naquela mesma semana, falou com Pedro sobre o tempo e disse que era um tópico que o afligia. Disse que entendia a vida como ninguém. Que havia percebido a chave do enigma. O atual momento em que vivemos, segundo Ricardo, é o único momento que de fato existe (ou existiu). "Sempre fomos assim, como somos agora! Nunca houve momentos diferentes, sempre fomos esses senhores." E outra coisa ainda estava clara na sua cabeça, como disse. Que o tempo só escoa da maneira como percebemos por causa de um equilíbrio muito sutil entre os desejos de todas as pessoas. "Existem os que querem que o tempo passe rápido, que o final de semana chegue logo, querem se divertir com a família, ganhar o presente de aniversário, ou poder viajar para o litoral. E outras pessoas desejam angustiadamente que o tempo demore a passar, pois vai chegar o dia do exame médico ou da prova na faculdade ou o dia em que não poderão mais viver, pois um especialista estabeleceu um limite para a sua vida. Mas desejando pode-se controlar o tempo, esticá-lo como quiser. Assim, como existem pessoas desejando coisas contrárias em diferentes intensidades, a média faz com que o tempo esteja fluindo da forma como percebemos."

Nos últimos dias andou pedindo desculpas pelos seus erros e pelas dores que causou. Escreveu uma carta de suicídio que foi encontrada na mesa da cozinha, assim que puderam entrar na casa. Os confrades esperavam encontrá-lo chorando num canto, ainda com uma arma nas mãos, gemendo e fazendo barulhos ocos com o cabo do revólver no chão. Mas o que viram foi aterrador. O companheiro estava dependurado no meio do cômodo. Língua para fora e rosto roxo. As calças molhadas de urina e o queixo cheio de saliva gosmenta. Na carta dizia:

"Não se preocupem para onde vou e como serei tratado, provavelmente tudo acaba aqui! Não tenho dúvidas de que vivi bastante, mas não dei o máximo de mim. Errei muito com muitas pessoas e com outras nem pude ser observado. Passei pelo mundo sem dar grandes contribuições ou deixar minha mar-ca registrada. A não ser pelos poucos contos e poemas que escrevi e que distribuí para os meus amores. Passei o final dos meus dias tentando apagar minhas pegadas. A todos, minhas mais sinceras desculpas. Sem mais para o momento, despeço-me com protestos de estima e consideração. Ass. Ricardo Maestro Mínimo."

Antes da decisão de retirar-se furtivamente do mundo e do convívio dos queridos desinteressados amigos e colegas, Ricardo, o burguês, tinha tentado se retratar com aquela que acreditava ter magoado mais. Preferiu escrever uma história fantástica, na qual tudo acabava bem entre os dois e tinha o final merecido que almejaram enquanto estavam juntos. O que aconteceu foi complicado e a culpa foi responsável por todas as decisões desequilibradas que Ricardo havia tomado. Parece que a dama era tão invisível quanto ele, ou desejava ser. Apenas um *post scriptum* no bilhete suicida indicava a existência do pedido de desculpas à mulher que, por razões muito íntimas, e parece não ser difícil interpretá-las, já que Ricardo era um romântico deprimido, abandonara. Nesse caso, tudo girava em torno de um sonho vivido com intensidade, mas que acabou num lamaçal de mágoas e desolação. Fora transferido para o artigo ficcional. Transcrevo aqui o conto de retratação apenas por consideração. Não tenho interesse em mostrar no manual uma forma de se matar e manter a consciência limpa, mas não se pode deixar perder no limbo tão fina carta e, mesmo que a alma do pobre repouse no esquecimento, é seu legado que deve ser exaltado. Foi assim que ele se desculpou.

Carta de um burguês invisível para uma dama sonhadora

> Outro dia, ao escutar a palavra amor, imediatamente veio-me à cabeça a criança revirando a gaveta onde sabe perfeitamente que irá encontrar o que não procura.
>
> *Casa entre vértebras*, Wesley Peres

Para A*******

******, 20 de junho de 2***

A carta

Acordei pensando naquele poema inglês, "A ilha negra". Piratas massacrando-se por um tesouro esquecido. Guerreiros tornando-se heróis em nome de um amor que não existe. Mulheres que morreram para proteger sua prole muito amada. E, não menos importante, poetas que exaltam a luta em nome de uma promessa de paz. É de madrugada que tudo acontece. As dores ficam mais intensas e as lembranças tornam-se lúcidas e insuportáveis. É comum que ao encher o copo com água eu derrame uma pequena porção no chão frio, consequência das mãos trêmulas. E meus pés sentem essa água carregada. Ela tem memória. Já estou com 82 anos. Eventualmente deixo o copo cair, foram três só neste mês. Quando amanhecer, comprarei uma nova dúzia. Tudo se quebra um dia, afinal. Não tem importância. E esses versos não me incomodam tanto de madrugada quanto num discurso sobre poesia e poetas. São apenas palavras. No aparelho de som um disco esquecido. *A manhã,* de Peer Gynt. É muito cedo para exaltar o início do dia, mas ele de fato começou. Minha mãe costumava me perguntar: "O que você quer ser quando crescer?" Eu dizia empolgado e sem muita atenção no significado daquela afirmação: "Quero ser Jesus Cristo!" Com o tempo percebi que se eu mantivesse esse desejo, não me casaria um dia. E, em algum momento da minha adolescência, mudar a minha intenção pareceu a coisa certa a fazer. Afinal de contas é o que todos fazem. Esposa amada e filhos que se divertem num grande quintal cheio de árvores e flores. Notadamente essa madrugada me permite lembrar de um jovem que viajou o mundo à procura de uma única aventura. Essa que se encosta muito facilmente às suas costas no alvorecer das primeiras idades. O amor.

Pronto! Está feito o desastre. Não durmo mais. De silêncio em silêncio vou adentrando nessa noite que finda para vê-la sem final somada ao meu desejo de sucumbir junto a ela, num extremo quase infinito de gloriosa melancolia e nostalgia. "Já lutei." É o som da minha voz que prefere manifestar-se no lugar das vozes mais íntimas suplicando que eu abra a caixa. A biblioteca é um lugar tenebroso. Guarda as mesmas ambições dos poemas. Aquela caixa amarelada, de papelão resistente, cúmplice e carrasco. Eu a observo indelicada. Antes convida-me ao recreio. Nela as ansiedades que depositei já foram esquecidas definitivamente. Voltemos ao copo cheio de água. A sede é culpa das expectativas. No copo há vida. A água é o conjunto de todas as lágrimas e estão encerradas nessa parede circular de vidro, frágil.

Não bastasse na adolescência dedicar-se ao amor prematuro, ele nos persegue a vida toda. De fato é possível que não esqueçamos nunca o primeiro amor. E o ato de emancipação nos faz dizer coisas absurdas e, ainda, escutar a lâmina, que corta fácil, ser desembainhada inocentemente. "Ainda não estou pronta" – ela disse. A caixa é o túnel do tempo. Deixarei a viagem para depois. O dia vem sinistro, como é costume nesses dias de contemplação. E nem todas as cartas, recebidas ou retornadas, devem ser lidas mais de uma vez. Assim como em "A ilha negra", a caixa é material de dor. Acomoda frações robustas de sofrimento. Envolve o rosto, em uma foto parda, antiga, da mulher simples que amei. Os cabelos anelados, os olhos muito vivos e o frescor da pouca idade.

A simplicidade é como um dito categórico e ineficaz, parece-me mais complexa vista do passado. Hoje me atenho a deixá-la no ambiente das ideias manuseáveis de que disponho, das que controlo e me deixam numa zona de conforto que posso medir e delimitar. Mas, o fato coerente e real é que esta dona tornou-me em, nalgum momento da minha vida, um ser dotado de virtudes duvidosas, diga-se como exemplo, uma criatura que adornava seu estilo de vida a poesias melindrosas envoltas numa base – prefiro restringir a uma única palavra – de esperança. Fé e esperança, palavras dela. Depois de muita dor, tudo se resolve. E não há amor sem grande dor. Não os verdadeiros amores. Como na jornada do lutador, na guerra mais cruel de todas. A sua redenção e o seu heroísmo são maiores quando seu sofrimento é maior.

Amanhã revelo meu último discurso atendendo ao pedido de um ex-aluno de faculdade, hoje professor. "Tenha a bondade de falar, aos alunos do curso do último ano, algumas palavras suas. Conte-nos suas experiências." Não posso contar tanto! Mas se essa única carta positiva estiver dentro da caixa amarelada, contarei sua história. Na verdade, qualquer história serve. Alguém quer se ver refletido na boa experiência de outro para ter certeza de que é possível envelhecer decentemente. Posso fazer esse agrado.

Abrir a caixa é simples, tudo cheira ao veneno do passado. Mas a carta repousa tranquila, provavelmente no fundo. Lá estão também as plumas e a poeira. Inclusive as plumas são nostalgia, me fazem lembrar de flores de jabuticaba, não sei exatamente o porquê. Bem, como o convite coincide com o aniversário de Vinicius de Moraes, dou-me o direito a uma lembrança alegre. Amar é inclusive nutrir-se deste desejo de que as vontades constituem uma seta no sentido da conclusão melhor, maior, de uma vida devotada a esse sentimento magnético, perturbador. A mulher mais amada, mais bela, mais querida, a mulher da carta, é a doçura em síntese. Era meticulosa nesses assuntos de amor. Gostava de ouvir gritos surdos e sinceros no ouvido e entregar-se de maneira aberta e livre. Eu a tenho em mãos. Tão singela. No papel de caderno com linhas azuis. Uma página rigorosamente definida para escritores exigentes. Não é o meu caso. Contarei no discurso, abrindo meu coração espontaneamente, como não faço com facilidade, a história crucial e verdadeira dessa carta. Falarei abertamente sobre a história da carta que agora, arriscando não conter o passado, leio atentamente – e este caracteriza, exatamente, o caso de uma carta que deve ser relida.

Carta à amada

É possível que não fosse diferente se lhe encontrasse novamente noutro mês ou noutro ano. Revermo-nos forneceu a oportunidade de confraternizarmos com nossos mais cuidadosos amigos, aqueles que escreveram versos para nós. É sabido, na verdade eu sei, que o Vinicius escreveu para mim o “Soneto de fidelidade”, pois é assim que desejo ser, para você, minha específica rosa. Quero ser como as suas palavras sóbrias e decididas:

De tudo ao meu amor serei atento
Antes, e com tal zelo, e sempre, e tanto
Que mesmo em face do maior encanto
Dele se encante mais meu pensamento.[2]

E você sabe, do alto da sua maravilhosa percepção e do fundo da sua simplicidade real, crua, magnífica, que o Carlos Drummond pensava num casal de garotos, que se deslumbraram quando se viram pela primeira vez e iriam se rever à luminosidade dos maduros anos, quando escreveu "Ao amor antigo". É nosso esse poema e é especialmente nossa essa estrofe:

Se em toda parte o tempo desmorona
Aquilo que foi grande e deslumbrante,
O antigo amor, porém, nunca fenece
E a cada dia surge mais amante.[3]

E é também nosso, tomado emprestado, o texto, feito em suprema inspiração pelo fabuloso (de fato fabuloso, literalmente) Júlio Cortázar, enfiado no Jogo da Amarelinha, que trata delicadamente do beijo e da boca. É certamente a sua boca, cheia de enigmas, mistérios, produtora de deslumbre fenomenal e veneração. Ele nos conhecia, indiscutivelmente. Disse sem demora, esperando que quando acordássemos do torpor percebêssemos a sua oferta:

Toco a tua boca, com um dedo toco o contorno da tua boca, vou desenhando essa boca como se estivesse saindo da minha mão, como se pela primeira vez a tua boca se entreabrisse e basta-me fechar os olhos para desfazer tudo e recomeçar. Faço nascer, de cada vez, a boca que desejo, a boca que a minha não escolheu e te desenha no rosto, uma boca eleita entre todas, com soberana liberdade eleita por mim para desenhá-la com minha mão em teu rosto e que por um acaso, que não procuro compreender, coincide exatamente com a tua boca que sorri debaixo daquela que a minha mão te desenha.[4]

Nunca tomamos café à margem do rio Sena, nem tampouco vislumbramos juntos as ruínas gregas, com Adônis e Afrodite propondo o amor sem ressalvas. E o que são elas comparadas ao toque que nos concedemos nas nossas tardes de sexta. Algum dos nossos amigos deverá escrever sobre essas tardes, não tardará. Essa inspiração não passa em branco, visto que somos peças definitivas na obra denominada vida. E é exatamente vida a palavra que supriu uma amiga especial, aquela que evitamos elucidar, pois é um fragmento menos puro desse quebra-cabeça infinito chamado amor. Insana e coerente. Suja, porém exótica. Esse trecho a parte, da Hilda Hilst, encabula-me:

No estreito-pouco
Do meu corpo, lavo as vigas dos ossos, minha vida
Tua unha plúmbea, meu casaco rosso.[5]

Mas é também a crua vida sem escapismos que nos reduz à realidade.

Tomemos café à margem de outro rio, nele posso beijar a boca que lhe define, maior, melhor, justa, sempre como a dama encantada de todos os tempos.

Pensei também, nesses momentos de profunda revelação (girando em torno dos meus próprios sonhos, sugo os seus, deleito-me aos pés da nostalgia nossa e tenho essas epifanias simples), que o maior culpado de tudo (por tudo entenda que é exatamente o fato de não sermos completamente um do outro) é o cinema. Provavelmente, na minha incoerência de adolescente frágil, eu teria sido encorajado pelas visões, na tela grande, devido à projeção do 35 mm vivo, a beijar-

-lhe loucamente. E você seria definitivamente minha. A visão dos adoráveis Richard Blanc e Ilsa Lund Laszlo (Humphrey Bogart e Ingrid Bergman), que se despedem apaixonados, seria suficiente para induzir o amor. Eles não são do nosso tempo, mas atemporais representam a substância íntima que sugere a paixão em todas as épocas. A culpa definitivamente é do cinema, ele deveria ter sido nosso amigo do passado. A nossa atual fortuna (não sei se tivemos alguma no passado) é nos deleitarmos com os versos dos nossos amigos, eles sim não nos desampararam.

É rigoroso o novo enunciado, no contexto de que vejo em você a musa de cada um dos escritores que gostamos. Em especial, um mais audacioso ditou versos que foram, de fato, não questione, dirigidos a nós. Vou contar-lhe esse segredo, amada: ele nos conhecia intimamente, em especial o meu apreço pela declaração inusitada, sempre que dita pela primeira vez, da sequência sem início e fim: eu te amo. Refiro-me, chega de delongas, ao poema maravilhoso de Neruda. Se você gritar por ele à noite, responderá pela alcunha de "Te amo". Não, não é coincidência. Leia-o e tire suas próprias conclusões.

Te amo
Te amo de uma maneira inexplicável
De uma forma inconfessável
De um modo contraditório
Te amo
Te amo, com meus estados de ânimo que são muitos
E mudar de humor continuadamente
Pelo que você já sabe
O tempo
A vida

A morte

Te amo

Te amo, com o mundo que não entendo...[6]

Não é necessário escrevê-lo inteiro, você bem o conhece. Já lhe enviei numa das milhares de cartas que lhe escrevi.

Um ano... amar você em um ano. Na verdade amo você desde sempre. Poesia... poesia... poesia. Nossos amigos bem o sabem. E, também, conhecia-nos muito bem aquela poetisa cuidadosa, a tal Elizabeth Barrett Browning, uma amiga mais afastada. É com ela que encerro esta carta. Peço desculpas pelos erros. Espero acertar seu coração, desnudando-me outra vez, para deixar mostrar os meus íntimos sentimentos:

Amo-te em cada dia, hora e segundo:

À luz do sol, na noite sossegada.

E é tão pura a paixão de que me inundo

Quanto o pudor dos que não pedem nada.[7]

Amanhã discursarei. Hoje tenho coisas para resolver em casa. Comprar copos novos. Ler novamente o poema maravilhoso, inglês, chamado “A ilha negra”. Amanhece rápido. Hoje é domingo e a casa se enche de netos. E a mulher que repousa quieta, que dorme o sono sem culpa e sonha com um amor do passado que permanece inalterado, aquela da carta, daqui a pouco me chama. Ela costuma acordar cedo.

As árvores de Merlamim

Conta-se no oriente a lenda de um asceta que se manteve em pé numa mesma posição durante tantos anos, incontáveis anos, que sua estrutura física misturou-se com a paisagem. Tornou-se invisível. Era uma estátua natural e viva, guardando a entrada de uma pequena floresta.

Um escritor chinês narrou a história que diz ter ouvido das árvores da improvável floresta de Merlamim, situada ao norte da cordilheira do Himalaia. No seu livro curiosamente intitulado *A criatura que não estava lá*, ele conta que um garoto surgiu numa manhã e percebeu o resquício ainda verde, e exalando odor de morte, de uma árvore recentemente cortada, e chorou as lágrimas de uma vida inteira. Decidiu estabelecer-se ali, em pé, num palanque minúsculo e natural, que era o resto inútil de uma árvore esplendorosa, sem se mover, enquanto seu pranto caía sem cessar. Conta ainda, e parece afetado nessa parte do livro, que as árvores da floresta se comoveram com a dor do garoto e influenciaram a sua penitência. Depois conferiram a ele atributos magníficos. Com o tempo, folhas e flores cresceram de seus dedos, do peito e dos pés, e tornou-se invisível. Alguns dizem que é impossível ver o homem-árvore se você não tem o coração puro como o de uma criança.

Primeiro, reticente, mas influenciado por Pedro e os outros que restaram fieis à ordem enfraquecida, escolheu a imagem do homem-árvore como símbolo da Confraria. Os outros queriam estabelecer um elo, queriam, ainda que resistissem por algum tempo na missão orgulhosa e difícil que se propuseram a realizar.

Quando a última folha da figueira de seu quintal caiu, Inácio se perguntou como seria a sua velhice. Sua paixão por flores fez com que se tornasse um recluso, só não estava mais sozinho por causa da companhia da orquídea que amava. Pela impossibilidade de amar seres humanos, se identificou com a doutrina dos Confrades. Parece ter sido o último a entrar na sociedade e por pouco não foi expulso. Essa melancolia noturna, baseada na expectativa de que a qualquer momento uma doença antiga que não dá aviso saltará para o restante do corpo afora e trará a morte na madrugada fria, arrastava-o cada vez mais para a desolação. A invisibilidade que buscava obter parecia na verdade um fardo que o acompanhava há tempos. Certo dia foi acampar na praça. Chegou cedo e estendeu um lençol florido perto do chafariz. Ficou por ali durante horas tocando desafinadamente uma pequena flauta doce. Nenhuma música inteira foi executada e os trechos que conseguiu tocar não faziam muito sentido.

Ficou estático junto aos arbustos do parque e pensou no homem-árvore. Enquanto seu amor pela sua orquídea o inspirava a tornar-se tão planta quanto ela, rezou para o seu íntimo intentando que durante sua jornada como estátua pudesse se transformar em árvore. Pediu intimamente e com tamanha fé e dor que chorou. Lembrou-se que os poucos puros de coração que podiam ver o homem-árvore, na narrativa fantástica do chinês, apenas reconheciam o homem porque podiam ver um fio de lágrima descendo desde seus olhos verdes, invisíveis, cobertos de folhas diversas.

Seu empenho não resultou em algo positivo. Depois de algumas horas, o espantalho Inácio virou uma atração. Como se quer desses personagens de circo ou os que se prestam a divertir em praças e avenidas, as pessoas aglomeraram à sua volta na expectativa do inusitado. Depois de um dia inteiro de abstinência, cheio de dores e com muita sede, roendo-se de remorso e repleto de tristeza e saudade de sua flor, saiu normalmente e caminhou para casa. Junto à orquídea querida, chorou todas as lágrimas de uma vida.

De algumas lições gratuitas que não deveriam ser ofertadas

O velho sombrio e preguiçoso que não pertencia mais à classe dos heróis invisíveis era um escritor de ficção e um pensador natural. Não respondia perguntas imbecis sobre questões tão íntimas quanto essas que dão lugar à sanidade ou sobre aqueles que se dispõem a ocuparem-se de fazer com que homens comuns desdenhem da habilidade que todos dispomos de sermos visíveis. Mas como conhecia o livro publicado por um egípcio, de equilíbrio emocional duvidoso, sobre a categoria dos homens que não dispunham da paciência, nem da vontade, de se relacionarem com outros homens, e por isso adentraram-se numa hermética sociedade que selecionava indivíduos que estavam sinceramente dispostos a desaparecerem da vista de todas as outras pessoas do mundo, mesmo perambulando entre elas em todas as direções e de todas as maneiras, resolveu dar um conselho àqueles que lhe perguntaram sobre a vida invisível que lhes fora apresentada. O velho era um residente da mesma cidade daquelas estranhas criaturas de comportamentos incomuns: Primeiro, Pedro e o restante dos pretensos seres invisíveis.

Ocorreu ao velho que no seu passado, pouco depois da publicação dos seus primeiros contos, e ele falou com certo pesar, no auge de sua maturidade criativa, quando escreveu o seu primeiro romance, e esta é a razão de tudo que viria a seguir, a análise que destilaria, aproveitando a visita de três curiosos e respeitosos rapazes, que todo homem quer ser reconhecido. Depois falou que queremos ser lidos, quando somos escritores, mas não por meia dúzia de pessoas, e como aconteceu quando publicou seu primeiro livro, os familiares se reuniram e pegaram seus exemplares para lerem depois e elogiarem a vontade. Não! O escritor, assim como todo ser humano, quer ser conhecido, reconhecido. A fama não pode ser restrita à sua cidade. Quem foi o ser humano mais famoso? Quantos atingiu? Quantos o conheceram direta ou indiretamente? Não basta um pouco de reconhecimento, uma cidade de leitores. E que diferença faz se uma centena ou milhares de pessoas leram o seu romance, souberam seu nome, leram sua biografia? Um mundo inteiro, comprometido com a probabilidade, tornou qualquer número igual a zero ou aproximadamente igual a zero. Então, como existir sem ser reconhecido? A solução, segundo o velho, e ele confessou que não foi capaz de realizar tal ação, é ser invisível.

Assim disse com uma energia que não costumava dispensar. "Se tu decidistes tornar-te um homem invisível, então eis o teu lema: não plante uma árvore, não escreva um livro, não tenha um filho!"

E depois divagou sobre seu passado. Bradou o nome de seu irmão caçula pioneiro local: Primeiro. Cantou uma canção quase falada e declamou versos sem sentido. Depois recitou fragmentos de Borges e cuspiu no chão amaldiçoando todos os membros da fraternidade que ainda restaram. Seu nome estava esquecido desde o momento em que tentou tornar-se invisível e desistiu. Nem Primeiro se arriscava a mencionar. Para finalizar, disse mais duas frases e depois calou-se novamente lúcido e consciente, como se tivesse acabado de sair de um transe infernal.

"Eu vi o número que verte dores desde a cabeceira única da noite primordial."

"Vejo-te agora como tu te vistes na inaugurada hora dos prantos revelados."

O velho chorou tão quieto que comoveu os visitantes. Os rapazes saíram devagar sem olhar para trás gratos pela acolhida e pela oferta de um conselho que custa ser dado e que definirá um comportamento que custará muito caro.

Primeiro entenderia.

Uma fortaleza que desmorona sistematicamente

> "É o meu delírio, Pedro", eu disse numa onda morna, "é o meu delírio".
>
> *Lavoura arcaica*, Raduan Nassar

No lago calmo do passado repousam plácidas, também para estarem em harmonia, as lembranças de um homem com negócios para resolver. Pedro e seu passado ordinário dizem se lembrar de música. Antes de se tornarem tão próximos e ao mesmo tempo desdenhosos de suas intimidades, os homens se propuseram um retiro. Numa casa de campo isolada, Pedro, Alfredo, que não existe mais como homem, Oposto e Joaquim, não o ex-padre, e sim "o que nunca ri", se instalaram para dois dias. Sem comida e água. Apenas música e filosofia e uma busca inspirada pela compreensão da ideia da invisibilidade. Nem todos entenderiam. Não sabiam que uma moça solitária, chamada Diana, estranha a todos, se refugiaria na companhia deles para socorrer-se de discussão inútil e com a fiel proposta de fugir, fugir de tudo e de todos, mesmo que essa fuga a levasse para lugar nenhum. Pedro narra:

"'Não me pergunte pelas costas, Oposto, pois sua curvatura me perturba.' Se Joaquim tocasse uma nova música em seu violão inquieto, eu confesso que olharia mais uma vez para Diana, que nervosa dançava esvoaçando sua saia. Oposto é um homem de meia idade. Cabelos longos, olhos azuis e projeta uma sombra vermelha no chão branco. Se Joaquim me dissesse que sua parceria com Satanás viria a fazer tanto sucesso, eu não teria mudado de profissão quando jovem. Também teria feito uma parceria nos mesmos moldes da que ele fez. É assim que esse músico convence com o seu espetáculo. Alfredo me contou, numa conversa que tivemos anteontem, que duas mil pessoas reunidas poderiam reproduzir o magnetismo da terra. E que duas mil pessoas, juntas e de mãos dadas, não são capazes de sustentar o ódio de uma única mulher. E também me contou, e dessa vez olhou para todos os lados, abaixou a cabeça e sussurrou próximo ao meu ouvido, que o amor que todos os homens sentem pelo mundo é menor que o amor que um único homem sente por uma mulher. Contou também, e agora parecia suar enquanto falava, que os sentimentos mais puros oscilam ao redor de uma nuvem tão densa que são capazes de fazer chover metal. Eu estava indignado com a postura de Joaquim, que acelerava as cordas do violão num ritmo alucinado. Parecia que não tinha mais pacto com o demônio, mas que era o próprio demônio. Aliás, Satanás devia estar de mãos dadas com Diana, já que a saia rodada se levantava enquanto ela dançava mostrando as coxas roliças. Vestia uma sede tão firme, igual a sede da minha boca, e eu tinha um desejo tão preciso de possuir qualquer mulher do mundo que coloquei Diana numa situação privilegiada. E dançava desnaturada, mostrando a calcinha branca com o relevo de seu sexo em destaque, com uma habilidade incompreensível, tudo com o objetivo de indignar e causar dor. Ela parecia tão perfeita e tão bela que eu, encarnando um personagem mundano e lascivo, não a mereci. Oposto se deu ao luxo de contar histórias de fantasmas. Depois saímos, Diana e eu, para procurar Alfredo que caminhava próximo à casa. O lugar era tão abandonado que quando decidimos sair para acampar nem pensamos que poderia ser perigoso. E agora uma única mulher com quatro homens completamente imprecisos em suas escolhas com relação às mulheres me fazia pensar que uma atitude heroica seria a de proteger Diana contra uma investida de qualquer um dos outros. Por outro lado, toda essa conversa de Alfredo me deixou pensativo. Enquanto a noite chegava, nos abalou uma sensação de que as criaturas noturnas, com seus olhares sombrios e presas assustadoras, pudessem ter a capacidade de pedir para que a escuridão ficasse cada vez mais intensa, já que nessas condições a habilidade de matar para saciar a fome se torna mais eficaz. Por isso optamos por ficarmos todos na casa. E não é de todo ruim ouvir Joaquim tocar seu violão, já que ele o faz vibrar com uma harmonia tão estranha e velocidade tão surpreendente que todos nós fomos tomados por uma força absurda. Acho que os sons de Joaquim são o abismo! Ao mesmo tempo Alfredo, quando retorna, chega com a boca cheia de palavras sobre o céu, sobre as nuvens, sobre mulheres e homens, sobre o sentimento do mundo, sobre trocas, cavernas e escolhas, e animais que se escondem no fundo da alma de seres tão gananciosos, arrogantes e indecentes que parece que as criaturas que nos vigiam se assemelham a anjos. Oposto se irritou com Alfredo e é comum que ele se irrite, já que se irrita com tudo. E tinha bebido demais (ele sempre consegue esconder a bebida), mas o homem parece um touro e aguenta muito. Alfredo fez umas piadas com o estado de Oposto e usou seu dicionário marginal para não ser entendido. E é claro que as horas de placidez se foram. Não é incomum que alguém com esse nome seja infinitamente estranho. Para as tolices inocentes da infância, que Alfredo e Oposto viveram juntos, os dois não podiam mais retornar. A tolerância não cresce com a idade. Alfredo ria e eu podia até gostar das risadas que dava olhando para Diana que sorria tímida. Oposto enfurecia-se ainda mais, pensava que os dois formavam um complô. Sentiu sua dignidade afetada. Abandonou-nos e foi-se para longe falar ao celular. Quando retornou disse que não ficaria conosco e procurou o coreto perto do rio. Na madrugada fria, que ostentava a ternura das feras como presente para estranhos que se imaginam tão especiais a ponto de realizarem planos íntimos de se tornarem seres superiores, outros visitantes vieram. Os conhecidos de Oposto fizeram uma conferência no coreto. Discutiam sobre como machucariam mais Alfredo. Em que órgãos aplicariam seus golpes mortais e que membros dilacerariam primeiro com suas facas bem amoladas. Eu vislumbrei o desastre. Pude ouvir bem claro dois deles dizendo que matariam. Oposto discordou. Queira apenas vê-lo sofrer, sangrar. Amigos de infância que seguem caminhos diferentes. Eu ainda ouvia os risos de Alfredo e as risadas abafadas de Diana que dançava mais lentamente. Sorriam um para o outro e eu sentia o mesmo ódio que Oposto, mas não queria materializá-lo. Os homens vieram. Joaquim levantou-se e caminhou para a ponte e depois para o outro lado do rio, para a casinha mais antiga e desabitada. Espancaram tanto Alfredo e fizeram Diana assistir aos gritos, presa nos braços de um dos brutamontes. Diana esperneava e eu só tinha olhos, repugnantes e odiosos, para suas ancas, suas coxas roliças. Quando soltaram Diana, ela correu enfurecida e machucada para o meio do mato e sumiu. Eu estava estático, ridículo, morto. Não precisaram me ajudar. Alfredo morreu ao raiar do dia. Não pôde esperar o socorro. Não vi mais Diana. O corpo de Alfredo inerte no piso da casa. Oposto berrando junto ao amigo. O resto é história. Delegacia e dor. Perguntas sem sentido e respostas vagas. Só vejo aquele violão frenético que se calou cedo demais; a menina que correu para o mato e que não foi por ninguém encontrada; Joaquim, que fugiu no momento da briga. Ele não fala sobre o assunto, nem por um instante. Eu, do meu lado, ainda sofro com a necessidade pungente de penetrar nas coisas de Diana, com ternura e vida."

Notícia

> Seus lábios estavam molhados como se tivessem sido beijados pelo orvalho.
>
> *Pedro Páramo*, Juan Rulfo

Sobre a menina que se sentou calada no último assento disponível do teatro, não pedindo licença pelo fato de atrapalhar as pessoas que estavam atentas à encenação que já havia iniciado, o jornal local publicou uma nota sobre o acidente que ocorreu após a conclusão da peça. Para que a situação passasse de uma noite tranquila para um terrível infortúnio bastou apenas uma pequena ação impensada. Quando os olhos de um inusitado rapaz, que acompanhado da namorada não valorizou o que as pessoas atestam como respeito, arriscaram observar o decote ousado do seu vestido, ela pediu que direcionasse seus absurdos olhos cor de sangue para a puta que o pariu. Não se sabe dizer exatamente, e isso é coisa que depois de entrevistadas as pessoas contam, com suas noções deturpadas de realidade e opinião, que o jovem homem inconsequente poderia ter sido envolvido pelas visões de um espetáculo desconcertante que aqui só recebe esse nome, espetáculo, por falta de criatividade ou diferente opção. O caso é que na peça uma senhorita de beleza ímpar exibia suas melhores partes para o noivo desmiolado que, agachado à sua frente, imaginava proporções para o seu desejo. Dizia em voz forte, mas na verdade reproduzia os seus pensamentos para a plateia manter-se a par de suas conjecturas, enquanto a moça cobria as unhas dos pés com o vermelho arrasador do esmalte que oscilava meio equilibrado entre uma das coxas e uma pequena almofada em forma de urso, ele resmungava: "de relance eu vejo a buceta, e por comparação com o vidro de esmalte estimo que deve medir uns 10 centímetros." Depois de tudo resolvido com os escrúpulos inexistentes da namorada ofendida e a paciência diminuta dos outros atentos observadores da peça, que por causa de incautos desejos reprimidos absorveram o incidente e tomaram como suas as dores da moça, um trajeto solitário foi marcado pela presença de um observador contrariado. A garota recebeu um golpe tão forte que morreu imediatamente. O rapaz do teatro e sua namorada magoada foram os primeiros a encontrarem o corpo e o jovem dispensou o conteúdo abaixo do decote que dispersava comprimentos de onda visíveis com cores tão variadas que saíam dos tons de roxo para ancorarem nos tons de vermelho. Sobre a referida nota, consta em seu texto o seguinte:

"Garota assassinada por matador serial tem corpo sequestrado por casal de jovens. Descoberto pela polícia, o casal alegou que a noite precisava terminar de forma espetacular, já que a peça não atendeu às suas expectativas a contento."

Mandamento

Se você decidiu torna-se um homem invisível, eis o seu lema (um novo mandamento cuspido com sangue bem vermelho da boca de um moribundo intelectual):

5. *Tu não plantarás uma árvore, tu não escreverás um livro, tu não terás um filho.*

Quatro irmãos

O intelecto anula o destino. Quem raciocina é livre.

Ralph Waldo Emerson

Sabe, você leitor atento, que a jugular atrai a faca afiada, enquanto a têmpora torna-se vermelha e quente, assim como o amor precipita-se sobre a morte. E é na chegada da noite que os gritos mais agudos se fazem mortais e sugerem fugas para lugares bem iluminados, tais como os bares com música alta e vozes que confortam, sem que tenham essa intenção. Quem é esse homem que por desmedida coragem encurta sua jornada usando a lâmina crua para cortar o tubo condutor do rubro líquido vital? E onde estão as crianças que ele ordenou que sonhassem antes de sua iniciativa ter posto um fim na ordem magnífica estabelecida pelas histórias que se iniciam com "Era uma vez" e terminam com "felizes para sempre"? Eu vi o olho de um ciclope na sombra de um gigante que tocou o céu com a boca apenas para relatar seus sabores adocicados. E outros me contaram, insistindo na derrota da minha dobra cética, que muitos anjos declarariam o fim dos impuros no final dos tempos e aqueles que mais queriam ser vistos, mais queriam ser admirados, sucumbiriam podres num abismo de dor e de solidão. Então o homem invisível não poderia ter pernas para se mover num mundo onde a hipocrisia é deusa. Pois, eles falaram, à medida que tenta desaparecer, o homem declara, para si e para os outros, ser o mais ambicioso dos mortais, o que mais deseja ser visto. E essa onda, essa camada, é sutil. Um homem que deseja a invisibilidade é mais nocivo à humildade que qualquer outro. Essa turba de profetas me contou ainda que o tal manual, escasso e montado por sábios a partir de fragmentos muito raros, é apenas um arremedo de livro, uma ferida purulenta no fino tecido da razão, e que não pode ser comparado ao livro maior, o livro das verdades indiscutíveis. Veja meu atencioso leitor, as mãos e os olhos da maldade tornam-se muito poderosas quando uma mentira ganha força e comporta-se como uma verdade, aceita por muitos.

Quando de sua iniciação, o homem maravilhoso que foi o desconhecido Antenor Régio (desconhecido no sentido popular, mas muito bem definido nos círculos herméticos de iniciados) propôs um teste para ser realizado por todo discípulo que pretendia galgar os degraus da invisibilidade. O teste era simples e com ele o sábio pretendia arrancar esses violentos deturpadores, infiltrados maliciosa e silenciosamente na ordem da doutrina da invisibilidade, que intencionam uma troca de todo conteúdo invisível superior e glorioso (suas palavras) pela sua doutrina cristã, afetada, menor. Cada discípulo precisava diagnosticar a decisão que levou um homem santo a saltar de uma árvore enorme com uma corda bem resistente enrolada em seu pescoço. O exercício pretendia avaliar o preconceito e a formação dogmática de cada neófito. É claro que não existia uma resposta correta ou uma avaliação que pudesse satisfazer a curiosidade pelos motivos que levaram o santo a cometer o suicídio. Mas sim, saber se a curiosidade, defeito nocivo e terrível inimigo do aspirante à invisibilidade, além do preconceito ou de teses preestabelecidas oriundas de uma outra filosofia pragmática e fanática, poderiam fazer parte das características de alguns deles e, portanto, atrapalhar no caminho, na doutrina. Afetar um homem que nasce com a vontade iluminada não é tarefa fácil. Alguns iniciados vão tornar-se grandes, independentes da opinião dos fracos meninos externos que pretensiosamente se atestam donos da verdade, mas que nada são. E o homem invisível também quer ser um nada, mas quer por vontade própria!

Agora a ilustração que ofereço é a história dos irmãos. A narração de um demônio que persegue as pegadas de um homem revoltado que nasceu no seio da discórdia. Um infeliz que tenta nadar num lamaçal e percebe que se caminhar durante um tempo, no fundo pastoso, numa direção fixa, poderá sair do lodo asqueroso em que se encontra, merece no mínimo ser laureado com a insígnia de super-homem. A invisibilidade também é um estado de espírito.

***

Eram quatro irmãos. Gastão, Dalton, Victor e Andrade. Pobres coitados inseparáveis e neuróticos. Cada um dotado de uma personalidade peculiar. Monstros absolutos e solitários. Beberrões inseparáveis.

Gastão era alto, um metro e noventa de músculos e feiura. Dalton era falador, especialmente sem a medida certa das palavras e comumente ofendia com o verbo cru e pouco elaborado. Victor era dedicado e prestativo, ainda uma criança. Andrade era mudo.

Os quatro irmãos eram andarilhos. Imaturos inconsequentes dotados de uma falta de vergonha incrível e de uma capacidade inimitável de produzirem confusões.

Certo dia os quatro, sem uma razão explicável, apareceram, juntos, num deserto escaldante. Nenhuma sombra, nenhuma gota de água. A ferida vermelha da terra absorvia toda energia fisiológica, toda coerência mental, todo fragmento de ânimo. A falta de sentido, o terrível agora esgotava a seiva que seguia na circulação, a pouca lógica desmantelou a honra, a lealdade. A época desse acontecimento está perdida no tempo. O local, imerso na insignificância de um deserto terrestre frente à infinidade de mundos no universo. Demônios da noite gelada atormentaram os sentidos

dos quatro. Um jogo de socos feriu Victor durante a fase de adaptação.

Vagaram sem destino. Deixaram esfriar a amizade e a cumplicidade que outrora sentiam. Estavam exaustos e à beira da morte. Vagavam moribundos e em trapos por estradas tão sujas e secas que seus pés deixaram de sangrar para que a terra enrijecesse a carne inferior e a dor fosse ainda mais longa e lancinante. Depois de sucumbirem à fraqueza dos homens, que é a esperança, suplicaram ajuda devotamente aos seus deuses ancestrais. Foram encontrados por uma caravana. Foram abordados e não puderam se defender, mas estavam debilitados e, em face dessa situação, não serviam como escravos. Apenas Victor garantia-se firme e dava indícios de que ainda estava longe de sucumbir.

Então Gastão vendeu seu irmão Victor por um camelo, água e comida. Victor tornou-se escravo. Na verdade, o mais explorado e abusado escravo que já existiu. O livro de histórias egípcias intitulado *O mensageiro essênio* dedica um capítulo inteiro à mudança radical na vida de Victor. Explica como aconteceu a passagem terrível de um cidadão livre para um escravo. Victor foi escravo de todos e de todas até que, milagrosamente, utilizando de uma capacidade cognitiva antes desprezada, ele descobriu a invisibilidade.

O menino não ia viver muito. Naquele sol que corrompe a pele, a carne e os ossos, seu tamanho diminuiu ainda mais e seus olhos secaram convergindo para uma tristeza colossal nunca antes vista naquele mundo. A cada dia que se inaugurava, uma sofrida jornada era executada. Todos os prazeres e desejos debruçavam-se nas costas do garoto. O sopro quente do Norte, carregado com as partículas mínimas de pedra que se sustentavam entre as moléculas diversas que compõem o ar e sobreviviam apenas para ruir e matar, trouxe informações de morte que se agregaram aos sonhos do garoto e depois à carne. Puxar o carro com dois brutamontes dependurados era o mínimo. Algo aconteceu, o menino mudou. Cresceu ganhando força ao contrário do que pensavam. Sofria a expectativa de uma vida curta. Seu porte físico avançou com o tempo, e isso foi causa de maior dor e sofrimento. Agora era responsável por toda ordem de serviços braçais e ainda, na noite gelada do deserto, servia os nobres. Foi usado pelos pervertidos que preferiram seu corpo masculino no lugar das prostitutas que eram servidas. Esses políticos infames. Da terra verteu mais sofrimento pela escassez de água e o garoto tornou-se alavanca para toda ação. Construiu palácios com suas mãos e não descansou mais que uma única hora por noite durante anos. Até que a brisa do oriente soprou de uma forma diferente. Viu um velho trabalhador ser consumido por um redemoinho carregado de areia dourada e não conseguiu percebê-lo em nenhum local da paisagem. "Tornou-se invisível!", pensou.

O único relógio suportável é o biológico. Aquele povo inventou um mecanismo rústico de medição do tempo. Duas hastes que se cruzam no alto de uma torre cuja base está inserida em um círculo graduado. As marcas, cerca de quinze maiores e cento e vinte e seis menores. Uma tortura para quem observa. No caso dos escravos uma tortura ridícula, uma peça completamente desnecessária e sem sentido. Trabalhar o dia todo ininterruptamente não carece de relógio. A qualquer momento pode-se cair e não levantar mais. Alguém pode chegar e dizer: "Você tem cinco minutos de descanso." Mesmo quase morto, pode-se rir um pouco. Victor quer libertar-se. O relógio o massacra. Ainda tem que inventar, à sua maneira, o mecanismo do desaparecimento, a lei que deverá seguir para evaporar e não mais sofrer.

Seu corpo massacrado tornou-se feio e cheio de cicatrizes, não servia mais para saciar o apetite sexual dos nobres. Com o tempo adotou uma rigorosa postura no trabalho. Uma rotina tão matemática e tão perfeita, e como era uma criatura desprezível, uma vez que cumpria o seu trabalho, seus patrões não se interessavam em mudar suas atividades.

Aproveitou-se desse detalhe. Depois de anos seguindo exatamente a mesma rotina, não era mais notado. Não dormia uma hora por noite. Usava esse tempo para fazer anotações em uma pele de carneiro seca e enterrou tudo que inventou num túmulo que só seria encontrado num futuro distante.

O relógio que ajudou a criar virou um mecanismo de controle que o ajudou a sumir. A rotina é também determinada pela medida sistemática do tempo. Definindo-se quando começa e quando termina, todas as ações são quantificadas. Victor aproveitou-se de sua natureza simples, desinteressante, de sua timidez e incapacidade de causar grande efeito nas pessoas. A rotina só fez com que seu rastro ficasse tão natural na superfície que parecia ter sido projetado pela própria natureza. Então desapareceu completamente daquele local.

Depois de muitos anos, Victor ainda nutria certa relação, frágil, com o mundo dos visíveis e voltou a ter com seus irmãos. Todos impressionados com sua mudança trocaram com ele poucas palavras durante pouquíssimo tempo. Gastão, encurvado pela gravidade, diminuiu dez centímetros. Dalton tornou-se o segundo mudo. Andrade ainda mais mudo que antes. Encontrariam no futuro motivos para terem arrependimento pelo que fizeram, mas também tinham poucas lembranças e praticamente não sentiam quase nenhuma culpa. Victor entregou um pergaminho para aqueles que sabiam interpretar os símbolos da escrita. O texto era quase todo sobre histórias do passado e um pouco do que viria depois daquele inusitado encontro. Seguiu e não foi mais visto na terra. Os irmãos quiseram entender, mas por pouco não ficaram loucos. Andrade falou! A memória lhes abandonara a mente e tudo que conseguiram fazer desde aquele momento foi resgatar as lembranças com ajuda das histórias do pergaminho.

***

Pode tudo isso ser verdade? Um conto árabe, escrito na maneira do livro das mil e uma noites, conta a história fantástica de um viajante do tempo, com um estranho nome, Victor, que foi transformado, em um curto intervalo de tempo, em um escravo que serviu muitos homens. Desde garoto até tornar-se adulto sofreu terrivelmente de muitas formas. O curioso é que a saga desse moribundo culmina em uma morte trágica. Ao andar à noite portando uma lanterna rudimentar, procurando um lugar para urinar, ao redor das tendas esfarrapadas de escravos, foi vítima do resultado de uma disputa entre dois soldados. Atiraram simultaneamente duas facas pontudas com a intenção de apagarem a chama da lanterna. Uma delas foi parar, bem enterrada, no peito de Victor que morreu instantaneamente.

Eu até gostaria de não deixar o leitor tão decepcionado afirmando que a primeira história é a verdade. Não tenho condições de fazer isso. Poderia ter dito, meu sentimento mais sincero parece tender para essa versão pessoal e alternativa, que Victor tornou-se um gigante depois de livre e, além de adquirir o poder da invisibilidade, treinou intensamente e metamorfoseou-se em um musculoso vingador com sangue nos olhos e terror nas veias. Voltou e massacrou todos os crânios dos injustos violentadores de sua dignidade e, mais importante, pois levou a nutrir um ódio muito mais sincero, do seu corpo. Depois de fazer essas coisas, foi levado ao céu, à vista de todos. Parece que isso é um desejo difícil de ser conferido em algum terceiro relato. Já que não podemos afirmar qual das duas versões apresentadas da história é a verdadeira, se é que alguma delas tem mesmo raiz na realidade, eu deixarei para o leitor a justa liberdade para escolher aquela que mais lhe agrada.

Um discurso quase insignificante

Na sede da confraria, um dos mais calados confrades pede a palavra. Judas, o sonâmbulo sofredor, diz:

"Ocorre-me algo agora. Uma visão que se assemelha a um mendigo vestindo farrapos que são páginas de jornais do dia. Carrega em si a notícia, mas ele próprio é a notícia. No meio do jornal um folheto da missa do último domingo. Páscoa. Em seu texto discursivo, pedagógico, o padre tenta convencer os fiéis de que devem temer a Deus e que de alguma forma obtusa e confusa ele louva a atenção dos fieis em um texto das escrituras, do Evangelho. O mendigo nem imagina que deveria ser fiel para ter o direito de carregar no seu corpo a literatura bíblica sufocante. Espreita que mais um transeunte passe e assim possa pedir um trocado para o café. Já é tarde. Um homem que não pode ser visto arranca o folheto que está pregado como adesivo à pele suja e antiga. O bêbado amolece e cai. Sentiu dor, mas sentiu também que perdia uma parte importante de sua vestimenta nova. A leitura agora passa a ser avaliada por um homem que tem responsabilidade para com os demais."

Depois de falar, saca do bolso um livrinho vermelho, capa de couro surrada, escrito na capa, em letras pequenas e em alto-relevo, "Filhos da puta", e anota umas duas ou três palavras com um lápis pequeno que também retirou do bolso, pede desculpas a todos e senta-se numa das cadeiras do círculo hermético de confrades da ordem invisível.

Regras para imbecilização

"Meu filho, o que você quer ser quando crescer?" "Um imbecil, mãe." "Que bom! Achei que você queria ser médico, advogado ou professor." Não se deve subestimar o poder da idiotice. "Toda maioria é estúpida!"

É uma informação interessante, que provêm de pensadores interessados em assuntos relacionados ao sentido da vida dos humanos, que o nascimento de qualquer pessoa equivale a ganhar na loteria, já que só um espermatozoide, entre centenas de milhões, chega a fecundar o óvulo. Aquele que ganha na loteria então coloca todo o universo em desequilíbrio. Por outro lado, essa observação só pode ser feita por seres que nasceram e se deram conta de sua condição. Inferir sobre essa afirmação é ato natural e único daquele espermatozoide que avançou desde o caos até o óvulo. Ou, ainda, todos aqueles que não conseguiram chegar podem ser entendidos como uma versão do ser que nasceu e que, caso tivessem sido os vencedores da corrida, fatalmente seriam o mesmo ser humano que executa a observação citada. Enfim, parece que é uma responsabilidade que cada criatura inicial que veio a tornar-se o pensador adulto e evoluído tenha como obrigação prestar-se a altruísta tarefa de formular questões a respeito da sua natureza, função e do sentido maior de sua existência. Alguns seres, e cada vez mais torna-se uma aptidão, têm se recusado a abraçar seu papel na ordem do mundo e no entendimento das coisas e imbeciliza-se gradativamente, por escolha e por convicção. Então a natureza acaba cedendo e torna tudo mais raso à medida que tenta fazer com que os seres humanos sobrevivam à sua própria determinação de mínimos deveres e de recusa de potencialização de suas qualidades intelectuais, cognitivas. Não há mais criadores de personagens poderosos em textos complexos e densos, de músicas inefáveis, esplendorosas, pois não existem mais seres humanos com capacidade para tanto. E as personagens literárias não podem ser maiores que seus criadores. Vivem limitados pela descrição de suas qualidades, capacidades e ambientes. O maior de todos os escritores pode levar um leitor a imaginar diversas características e explicações para sua personagem histórica, clássica, mas uma alternativa apenas é verdadeira. Não se pode imaginar que uma personagem seja maior que seu criador. Mas se em algum momento um gênio se deixa levar por minuciosa imaginação e responsabilidade na confecção de sua personagem, alguns princípios podem derivar outros e automaticamente ela terá uma vida quase espontânea, ou melhor, uma segunda vida completamente desassociada daquela fabricada sem que a anule ou contradiga. Pois bem, imbecis podem ter tanta força que os sofridos psicólogos não poderão arrumar explicações para esses comportamentos imbecilizantes e talvez seja essa mesma natureza que queira essa característica, busca por sobrevivência. Catarse necessária. A invisibilidade subjuga a natureza e os homens que se dispõem a tal tarefa. Estão, a todo tempo, nadando contra a correnteza. Condição certa para imbecilizar-se é nascer! Todos os troncos que caem no rio descem até o remanso sem questionar. Há uma rua pronta para que nela caminhem os comuns.

Existe uma loucura solta na modéstia do homem invisível, mas esse louco não pode vangloriar-se de sua percepção. Deixe-me explicar. É que não tendo consciência de sua condição posterior, não percebendo que tipo de luz brilhará no seu norte escolhido, o espermatozoide apenas corre para o seu destino. Essa completa falta de conhecimento e suprema condição instintiva compactuam com uma felicidade tão suprema e envolvida por uma redoma indestrutível que faz com que homens que naturalmente formulem questões sobre vida, morte e sentido, queiram tornar-se felizes na redoma da invisibilidade que também é um envoltório para não se deixar escapar felicidade.

O dilema do ser que não se conecta com o mundo em que vive

Nicanor Bastos contou que fez parte, durante vinte anos, de uma seita hermética denominada *Os fabricantes de cruzes*. Narrou, sem omitir um detalhe, todas as atividades secretas. Durante uma de suas viagens a Lisboa, esqueceu uma valise no quarto 101 da pousada Neves. Na valise estavam os esboços de uma cruz. Denominada *A cruz Vitruviana*, sabe-se que é o grande tesouro dos fazedores de cruzes.

Atualmente descobriu-se, entre os eleitos, uma necessidade vital, que entra em contradição com a capacidade de tornar-se invisível. A invisibilidade pode ser uma ameaça à sobrevivência. O fato é que o homem invisível não é diferente dos demais humanos e carece de satisfazer suas necessidades básicas, que na maioria das vezes, obviamente, podem ser realizadas mesmo no estado de completa invisibilidade. Mas acontece que enquanto a criatura invisível não é capaz de nutrir-se pelo autossustento, é necessário estar visível para resolver o problema que requer atenção. Assim, os sábios criaram a opção de um amuleto para que o ser invisível tenha uma conexão com o mundo e no limite da suprema invisibilidade ainda consiga retornar, caso necessite. Uma cruz é um amuleto para a estabilidade do homem invisível. A cruz representa o drama da invisibilidade. Penoso é o caminho que leva ao desaparecimento por vontade própria. Os mais elevados optaram pela cruz Vitruviana como objeto de conexão com o mundo dos seres visíveis.

Nicanor tinha uma pedra no pescoço. Entre a pele e o músculo. Sua mãe contou que não se deve colocar objetos no corpo de uma mulher grávida porque o objeto aparece como uma marca na criança. Nos últimos meses de gravidez, o pai de Nicanor encontrou uma enorme esmeralda no garimpo dos arredores de Crixás, em Goiás, e a colocou no pescoço de sua mãe enquanto ela dormia. Diz uma lenda indígena que a esmeralda é a pedra da invisibilidade. Quem a usa com conhecimento prévio de sua extraordinária qualidade pode caminhar livre e despercebido por entre as pessoas. Ir e vir para qualquer lugar, livre ou proibido. Nicanor acreditava na lenda. Ele conhecia Pedro, o segundo.

O homem invisível é um herdeiro direto do homem revoltado. Dispensar a pequenez e a grandeza das coisas não é apenas necessário, é também uma ação de revolta. Ao longo do tempo a doutrina superior caiu nessas armadilhas da moda e os frágeis se deixaram levar por pequenas vaidades. São bobagens dispensáveis os amuletos, especialmente aqueles que têm formato de cruz, qualquer uma.

Dolores Martinez, socióloga espanhola, parece ter percebido a essência dos homens invisíveis quando escreveu, para a revista *Sociedade e Comportamento*, de Barcelona, o artigo intitulado "Pessoas que vivem como se hoje fosse o último dia". No texto, um ensaio sobre o filme *Riquezas de uma dama elevada*, do diretor americano Stephan Califfy, de 1982, somado ao depoimento de meia dúzia de adultos deprimidos e precocemente aposentados do serviço público nacional, ela disseca o dia a dia de homens que se dedicam a tarefas complexas, mas que se debruçam incansavelmente na execução de missões que escolheram cumprir. Parece raspar na filosofia da invisibilidade quando encontra homens que depõem a favor da completa nulidade como objetivo de vida.

Diante de fatos aparentemente inúteis que são objetivos de alguns confrades, tais como os mecanismos de ligação com o mundo visível citados anteriormente nesse texto, Pedro parece não concordar. Assim é frequente que materialize todo o seu descontentamento. Especialmente com Inácio, o mais frágil ainda integrante da fraternidade. Numa tarde de reunião, Pedro perdeu a linha. Soltou a língua. Esqueceu tudo que havia aprendido na doutrina. "Você não me conhece.

Não me tome por um idiota. Não me iguale às suas vítimas. Suas filosofias não são nem sutis nem relevantes. De onde você tirou a ideia de que pode ficar impune propagando suas ofensas? Ofensas concentradas na terrível importância da descrença do homem invisível? Aqui não existe respeito aos mais velhos. Cale-se! Comporte-se, velho. Não percebe que suas fantasias não combinam com a sua idade? Quantos anos pensa que tem? Quando lhe dei liberdade? Sua nova profissão não convence. Acha que é um místico, um sacerdote? Parece-me que as pessoas suportam você por cortesia, sendo você descortês e deselegante o tempo todo. A mim não afeta. Sou vacinado contra gente da sua laia. Se quer um palco, faça um estudo de representação teatral e empregue-se num circo. Aqui não tem picadeiro."

A moeda atirada para cima se ocupa apenas da função de cair

Se uma moeda é atirada para o alto, ela tem que descer. Duas opções podem surgir: cara ou coroa. Vida ou morte, se o leitor preferir. A cara é o oposto da vergonha e a coroa, o oposto da miséria. Um homem sadio veste-se com um terno apropriado, sai para trabalhar, busca oportunidade e dinheiro – cara. Um rei espera seus súditos erguerem estruturas em sua homenagem, em sua glória – coroa. Duas peças maternais são oriundas do mesmo útero e se dividem logo que se percebem capazes. Uma é o cérebro a outra, o coração. Na cúpula de cima organizam-se todos os tipos de batalhas. Uns poetas meio idosos se cansaram do amor que repetidas vezes declararam abertamente e começaram a cuspir desaforos em seus versos, especialmente alguns como afronta a jovens escritores. Disseram em alta literatura, palavrões e de tudo sujo um pouco, para descartarem as carnes macias e a capacidade dos novos amantes das letras erigirem seus membros enquanto louvavam suas musas. Glorificados e saciados ficaram os velhos, mas logo se decepcionaram ao perceberem que suas algumas lágrimas postavam-se sobre o papel à medida que negociavam com o corpo uma fagulha de excitação para as novas frases que deveriam emergir da vingança cometida. Supostamente podiam valorizar a ressurreição da habilidade de chorar, pois se percebessem a maravilha, atentariam para o fato de que não estavam fisicamente secos, apenas emocionalmente, mas o ódio preferiu não se importar. Conta um dos velhos poetas de outrora que houve uma matança de jovens versadores e, ao mesmo tempo, um suicídio em massa de alguns idosos aposentados dos trabalhos com as letras, uns limpos que mataram uns poucos sujos. Não tenho ideia realmente de onde e quando aconteceu tão inusitado fato, mas a glória dos senis foi restaurada e pensa-se agora que a pena é menor que a espada, isso em círculos herméticos de literatura, tais como aquele que narra Villa-Matas com os seus *Shandys*. Isso é muito próximo do que queremos elaborar nas linhas desse manual, cara e coroa. O que um invisível não pode ser? O que ele quer com codinomes e amuletos e, ainda, com a inveja de outro ser humano, menor? Digo dessa forma para fazer justiça à dedicação do trabalhador invisível. Mas ouve-se o começo de um temporal que está sendo elaborado e deixa escapar fagulhas das suas intenções.

Aquele que os confrades reconhecem pela alcunha de Primeiro, sem que referindo-se a ele, usando o codinome, depositem sobre seus ombros a responsabilidade torpe da liderança, coisa infinitamente detestada por essa associação, já que definiram que eleger um homem para subir ao topo da pirâmide é um ato de pura covardia, foi quem dedicou-se a beber nas fontes da literatura invisível nas reuniões herméticas que adentrou enquanto visitou o sinistro beco dos confrades argentinos, na Recoleta, em Buenos Aires. Auspicioso tema que destacado e deliberadamente foi difundido em círculos restritos, a invisibilidade, só podia ser desvendado por interessados observadores que em algum momento de extrema angústia decidiram não mais exigir a atenção das pessoas esperando serem contemplados com cortesia e afago apenas por fazerem-se presentes. Outra coisa que não posso deixar de mencionar é o fato de que o ser que se destaca nos círculos não apenas é visto por estar apresentando-se de corpo esguio e cabeça erguida, ou em outras ocasiões até com certo desprezo e cabisbaixo, mas também pela habilidade, que possui naturalmente ou que desenvolveu com a prática, de ser social e tornar-se, com sua arte, o centro das atenções. Sim, além do assunto ser tratado com certa reserva, os novos discípulos são enigmaticamente convidados a um desafio. No centro da cidade, cartazes distribuídos pelos bares, postes de luz e juntamente com outros cartazes de divulgações de peças de teatro em pontos de ônibus surgem com a seguinte frase: "Até a meia-noite do próximo sábado, uma pedra deve cair harmonicamente, formando cristas e vales nas águas que podem ser vistas do *Caminito La Boca*, e desaparecer completamente nas profundezas negras que estão desesperadas por alimento mineral." Tudo isto para fazer cumprir a lei, o sexto mandamento da invisibilidade:

6. *Se tu atirares uma pedra na água, garantas que ela salte muitas vezes e, depois de ondular a superfície harmoniosamente, afunde até a alma do mundo.*

Os interessados são reconhecidos pelos membros praticantes e escolhidos com base em sua angústia na definição da precisão do movimento da pedra arremessada quando intencionam fazê-la descrever, com sua habilidade, o maior número de saltos possíveis. Primeiro até sonhou certa vez que ensinava uma belíssima garota a atirar uma pedra na água com precisão. Flutuando sobre um imenso lago, pediu que ela fizesse uma tentativa. Depois mostrou que a pedra salta e para sobre a superfície da água durante alguns segundos, e depois de romper a tensão superficial mística e inexplicável, que só surge quando atirada por verdadeiros conhecedores da técnica, ela afunda delicadamente até o limite que é possível descer com sua forma e densidade. Então mostrou, no mesmo sonho, como deve ser feito e sua pedra saltou uma infinidade de vezes e deu voltas, retornando suavemente até bem próximo dos pés da garota. Parou por demorado tempo e então penetrou decididamente e precipitou-se vagarosamente para o fundo absoluto e negro que a aguardava.

Uma vez que os pretendentes demonstram a angústia e a inquietude que definem o homem invisível, estes são levados para o "laboratório" e são escolhidos os melhores, até que o grupo total de confrades seja nove. Quase sempre não são muitos os escolhidos, mas ao longo dos tempos a Confraria de Buenos Aires perdeu muitos dos seus membros e precisou, juntamente com a escolha de Primeiro, recrutar mais dois candidatos. O pouco que Primeiro sabe desses outros é que cometeram suicídio nas mesmas águas em que afundaram suas pedras-teste.

Primeiro guardou intimamente a mensagem que estrutura a fortaleza incrível que guarda a disciplina da invisibilidade e teve sua iniciação na compreensão do tempo, coisa altamente sagrada e possuidora da capacidade de transformar um homem são em um moribundo completamente desprovido de sanidade mental. Então imaginou dois discursos. O primeiro sobre a cumplicidade do homem invisível com relação à degradação causada pelas horas vividas com a percepção nociva de que tudo retorna ao começo – lei do eterno retorno. O segundo sobre a inevitável revolta com todas as coisas e, especialmente, com a efemeridade da vida.

Primeiro discurso (um conto curto sobre o tempo) – Anteontem é hoje

A noite de Buenos Aires se recusou a acreditar que a fonte de todas as manhãs fosse o dia de hoje. E hoje aconteceu há tanto tempo que antes de ontem parecia ter acontecido no século passado. Por esperar que o dia de amanhã viesse rapidamente, ocorreu-me que hoje acontece tão próximo de ontem, quando comparado com a idade da terra, e que antes de ontem e hoje são na verdade o mesmo dia.

Então um conhecido distante se deslumbrou com a minha necessidade de ter na pele a sensação única e importante de que todos os dias passem bem rapidamente e me pediu que lhe enviasse uma carta com pressa. Pediu uma encomenda emergencial e disse que se ela chegasse com a velocidade de um pensamento, o dia de hoje, o de ontem e o de amanhã, não fariam mais diferença alguma entre si, por exemplo, para alguém que já passou por eles e vive tranquilo num futuro tão distante que não podemos imaginá-lo.

Agora sim percebo que a diferença entre os dias que não se encontram ou nem remotamente se tocam, está na sutileza da frase louca emitida por um amigo que se preocupa com o estado emocional de alguém que se assegura frequentemente de ter uma noção e uma sensação próxima e sensorial do tempo. Então deixo de uma vez por todas que as noites portenhas aconteçam livremente.

Segundo discurso (intromissão necessária à estrutura do comportamento) – Enquanto sonhava viu Beethoven chorando ou Umas tais coisas que tenho observado

É uma tal de fé que se incomoda com os transeuntes e um sapo que não se comporta como dama, devia ser um lorde que não acertou devidamente o relógio. Um tal de chefe, uma tal de aeromoça e um tal de sermão que encosta como soco na boca do estômago. Um tal de século que desrespeita a noção profana de caminho reto, e aqueles meninos não sabem que pedaço de cabo de rodo não é cavalo. É uma tal de imaginação que desrespeita o corpo.

É uma tal de buceta, um tal de caralho, tudo somado aos cantos do amor. E amor não pode ser fruta, pode ser apenas sol amaciando pele. E você não pode ser sopa, só se encosta em portões de estações onde trens enferrujados descartam insolentes trabalhadores que constroem os muros dos mundos de ontem. É uma tal de Afrodite e um tal de Adônis que se misturam à nata da lágrima do cordeiro. Um tal de Afonso, uma tal de Maria, uma rolinha que se choca no fio encapado de cobre imolado. Uma tal de eletricidade, uma tal morte, uma tal de caverna profana que absorve os votos das moças que se preferem santas quando podiam ser putas.

E as perdizes não sabem que matadores de leões comem alface e coveiros escolhem comer doce de leite após depositarem terra na terra. Uma tal de cova, uma tal de adolescente que morre toda noite, nasce numa tal de escola, depois de passar escova nos dentes que sofrem. É uma tal de pequena morte, tradução: gozo. Um pequeno devaneio, uma espátula modelando nuvens. Um formão que desestrutura o chão, os seios, um tal de selo – hímen. Uma roda que uma tonta desativou, uma tal de vida.

Não pergunte por escolhas, essas tais de escolhas, quando as portas e as janelas estão fechadas. Aquele morto não sorri, mas está na hora de levantar.

É esse tal de azul, esse tal de mar e o tal cinza que perturba o fim do dia. Um tal de quando, um tal de namoro, uma tal de chuveirada que refresca os ossos velhos que largaram o concreto da calçada. Um tal de olho no olho, uma tal de fachada do prédio, um sorriso que sacode o espaço – o vento.

Umas meninas que olham o céu sem especular, uma tal de essência, uns tais essênios, um tal menino coroado com espinhos, um espetáculo vermelho, uma fibra de dor que se estende pelo músculo – um tal de nervo retesado. Uma manivela que deixou-se emperrar, uma noiva que escolheu o roxo. Há uma coisa macia na totalidade das curvas bem fechadas, onde nossos carros precisam estacionar. Uma tal de morte, uns tais de corpos dilacerados sem sorte, sem esperança. Uma tal de mesmice, um tal de *Religare* que fode! Uma forja de metais criando lanças para delicadas viúvas que querem se vingar do tempo. Umas tais de rugas, uma tal barba por fazer, um pedal deslizando numa rampa, seguindo um pneu que flutua.

Um sapo que quer ser dama, um rei que desdenhou a espada que escolheu amar. Um tal receio, uma tal evolução, uns gatos que se assemelham a aranhas. Umas moças legais que se servem de guisado de camundongos no jantar – é a nova moda. Uma tal de folhagem no piso molhado, uma tal grama que seca sozinha. É uma tal de vida se aproximando.

Primeiro, a morte!

> Quase não senti o processo de minha morte; começou nos tecidos da mão esquerda; desde então, prosperou muito; o aumento do ardor é tão paulatino, tão contínuo, que não o noto.
>
> *A invenção de Morel*, Adolfo Bioy Casares

Na tarde, uma chuva densa passava pela cidade e inundava todos os cérebros descobertos. Já adiantada a hora da descida, Primeiro envergou o corpo, passou um jornal do dia que carregava na mão direta para a outra mão, e sacou da calçada uma pequena lagarta marrom. Lembrou-se do prefácio de *O mensageiro Essênio*, da chilena Rosa Litelantes. No texto uma referência às refeições baseadas apenas em insetos e folhas de pequenas plantas e, às vezes, pétalas de rosas, mas apenas as de cor branca. Procurou as antigas lojas de calçados da rua dos Libaneses e vislumbrou uma janela colorida composta pelos vitrais que distorciam toda luz que nela incidia. O pesadelo está no passado, mas as ruas tinham cheiro de infância e molecagem que, agora, deslocada no tempo faziam acumular em algum lugar interno uma quantidade exagerada de saudade. Primeiro tinha a postura de homem sério. Completo no que se refere às exigências do líder, mas preferia não pensar nesses termos. Sobre a lagarta que pegou delicadamente desde o chão até a proximidade do par de lentes sustentadas pelo pontiagudo nariz ítalo-brasileiro, abandonou-a depois de decidir que não faria alguma dieta baseada em animais tão medíocres. Em vez disso, observou a rápida queda enquanto pensava que a gravidade não faz distinção entre seres invertebrados e vertebrados. Depois pensou que a noção de tempo era relativa e que se a lagarta fosse dotada de consciência, talvez observasse que a queda era extremamente longa no seu ponto de vista, já que suas dimensões são reduzidas e muito menores que a altura que percorria na infeliz descida. "Vida desgraçada é a de inseto!" – praguejou em voz alta. Sozinho e sob o efeito do cansaço, o homem permitia-se ser visto, enquanto, desolado, descia a rua, desconsiderando por força maior as sujas e poeirentas lojas de calçados do passado, para alcançar a entrada do metrô. Queria sentar-se. Depois da viagem, que foi aritmeticamente dividida entre 30 minutos de equilíbrio, em pé, entre uma dezena de corpos fedorentos e um vai e vem desproporcional em relação à quantidade de paradas e saídas, e 30 minutos sentado fisgando sonhos inadequados enquanto entre um cochilo e a torpe vigília procurava não deixar passar a estação da descida. Chegou ao destino. Colocou o paletó que carregava dependurado no ombro e jogou o jornal, que não leu, no recipiente de lixo. Como neste relatório sobre regras de invisibilidade e homens que se dedicam a realizá-las não detalhei exatamente nenhum dos confrades, também não detalharei o Primeiro. Mas é necessário, já que a esta altura o leitor já percebeu a importância dessa figura em relação aos demais, dar algumas informações específicas deste que julgamos ser o precursor local de uma sociedade vital.

Não era um jovem. Não era um homem inclinado à poesia. Um sujeito de atitude. Prático, corajoso e com iniciativa. O que narrarei a seguir foi informado em todas as ordens conhecidas de homens invisíveis espalhadas pela América do Sul. O ultraje é o pai de todas as rebeldias. Um fato importante relacionado ao nosso amigo, líder sem querer ser, é que não há uma só pessoa que saiba dizer o seu nome verdadeiro. Alguns acreditam que Primeiro se chamava mesmo assim, registrado com esse nome! É claro que parece meio absurdo e a lógica exige que não acreditemos em algo tão excêntrico. De qualquer forma era com esse apelido, que sustentava a sua elevada posição na confraria, que todos se referiam a ele.

A estação de parada do metrô, onde Primeiro desceu, indica o início do caminho que leva ao cemitério. Enterro de um amigo. Foram muitos nos últimos anos. Agora que a passagem do tempo e suas consequências mostrava que a morte era de fato uma realidade e que a capacidade de concluir diversas ações mais complexas era um sonho inatingível, também se conformou que alguns companheiros partem antes e não avisam que farão tão medonha jornada.

Do passado Primeiro guardou a lembrança de um pai que sorria mostrando os dentes e que havia lhe ensinado duramente que ninguém é confiável e que amigo mesmo só se tem o pai. "Nem irmãos valem a pena!" E depois de muito álcool e algumas pancadas de punho cerrado na cabeça sorria com o sorriso do demônio adorando o mal que conscientemente prestava-se a fazer. Primeiro resoluto caminhou para a solidão desde que nasceu. E foi empurrado para o vazio dos homens que se consideram desnecessários com maestria por um especialista em desprezar patentes e conceitos. Não temer a morte tornou-se uma obstinada missão e conhecer os segredos da invisibilidade, uma forma de fuga absoluta e essencial para sua necessidade de não ser julgado. Não amou muitas mulheres, mas recentemente viu uma moça de pernas demasiadamente longas e desejou-a como os buracos negros desejam matéria.

A moça usava um vestido curto florido e, no metrô, abria levemente as pernas mostrando a calcinha bem branquinha e relevo das coisas, com um indecoro despercebido e delicioso. Ao indagar sobre a lentidão com que a lagarta, em seu referencial, é mais desgraçadamente letal do que a sua, que se caísse de uma altura tão insignificante não teria praticamente prejuízo algum para a idoneidade de sua estrutura física, Primeiro relacionou o inverossímil sistema a algum outro no qual a moça do vestido curto e florido deixasse abrir as pernas, massageando a vagina que crescia a olhos vistos, observada atentamente por ele, por um sistema no qual a garota tomasse completa consciência de suas ações e, mesmo assim, a mantivesse apenas para constranger o observador, ou excitá-lo de caso pensado. Toda essa estrutura deixava Primeiro muito feliz. Ficava tão excitado, sentia-se tão viril e capaz de grandiosas proezas físicas, com a lembrança da moça, que imaginou-se o exterminador do mitológico monstro das mil retinas, que foi descrito pelo escritor italiano Michelangelo Ruffini. Mas quando sorriu lembrou-se do sorriso do pai e desfez a cara alegre. Uma característica desse confrade é que nunca sorria. Essas decisões não se tomam de caso pensado, esse comportamento era uma consequência, era um efeito, de sua condição.

Muitas vezes elaborou confidências para a moça das ancas roliças desprovidas de negros pelos, pois só possuía aqueles que contra a luz do sol demonstram toda sua característica dourada, de ouro. Elaborava textos que jurava que seriam declarados caso a encontrasse novamente: "Se deres um nome para a rosa, a bela e delicada rosa, saberás imediatamente que eu a desvendei primeiro. A pele branca, tez macia e brancura de pureza indiscutível. O nome carrega o fogo e o rubor constante da face. É a segurança das pétalas. Do Norte de suas mãos até a astúcia de sua beleza facial aberta e emoldurada pelos lisos e longos castanhos preciosos, a introdução com a vogal, letra perfeita na forma e feminina sempre, confiante criadora da palavra original: amor. Não, não! Agora não me roubes o direito, nem o nome que é a lógica do sentir. A contribuição absoluta da certeza." Outras vezes ficava mais compenetrado e melancólico. Explorava seu poder de observação do mundo e com a capacidade recorrente de reimaginar seu segundo discurso, projetava uma declaração sombria sobre as coisas e sobre sentimentos. De suas observações e captura de sensações recolhia um argumento monstruoso para demonstrar para ela, aquela moça de pernas estranhamente compridas e magnéticas, que ele era um curioso capaz de desvendar grandes mistérios, de conhecer coisas profundas, de se rebelar contra regras ultrapassadas e de amar com fúria e força inesgotáveis. Imaginava situações que tinham vivido juntos. "Eu não acredito nos homens, mas tinha esperança que você acreditasse em mim. Isto é um alerta! Está na hora de acordar. Os meninos que cantam Beatles na concha acústica, do parque, não perceberam a raposa que invadiu o bar e que trouxe um conjunto inesgotável de humor aos cabisbaixos idosos. Penso em você a noite. De madrugada vem um frio impaciente que não decifra ritmos aleatórios em meu corpo e fica mais insistente à medida que o dia clareia. Estou às vias da calamidade e infestado de imaginações criativas. O mundo está caminhando num ritmo alucinado e meu telefone fala mais comigo que a menina que arranca de moto pela calçada da minha porta, sem nunca ter dito olá ou bom dia, mesmo que por educação. Há uma tendência inescrupulosa à violência, porquê violência é fácil. Há também, por parte de alguns, uma tendência em achar que intolerância é coisa nova. E outros enchem as casas de sóis e se revelam muito bons condutores de calor. A dúvida simples que ocorre com relação a intenção dos atos é um alerta – perigo – estampado nos portões dos olhos. Não tenho fé na categoria dos homens, é uma obscenidade minha. Você tolera essa nave, atravessando o espaço, com aceleração mínima, indo para lugar nenhum. E me diz entre sussurros, meio vazios e sonoramente ocos, uns trechos de Camões que não gosto. Uma senhora, que falou na TV, me chamou atenção para o fato de que tudo está em movimento."

Amar independentemente de tempo ou de escolha. Não era necessário que Primeiro conhecesse cada detalhe da estrutura da moça para declarar que era a mulher da sua vida. Nunca ouviu sua voz, imaginá-la era tão maravilhosamente bom que preferiu comprometer-se consigo mesmo que nunca pediria que ela dissesse uma palavra qualquer, não queria contaminar os ouvidos com uma voz que não fosse aquela que ele sistematicamente criou. Primeiro era metódico com relação aos gostos da moça. Sabia que não deveria oferecer café, mas sim suco de fruta. Sabia que se surgisse uma possibilidade, ele a levaria ao restaurante libanês de seu amigo Aniz. Perdeu-se em tantas estruturas que a mulher que viu agora era um gigante robusto, montado com peças tão distintas que não formava mais a figura pitoresca e fresca que arreganhou levemente as coxas para detê-lo na visão preciosa. A não ser pelas pernas longas, Primeiro criou uma versão mental do monstro de Frankenstein. Sabemos que ele nunca mais a viu de verdade. Todos detalhes foram guardados em anotações confusas e textos poéticos deixados pelo velho colosso cavaleiro da ordem da invisibilidade.

De todos os caminhos que a vida de homem pode levar, nenhum deles deveria ser a repetição da tragédia de outro. Primeiro morreu como John Lennon, por causa de uma mente confusa.

Parece-me conveniente que no espaço a seguir apareça mais um mandamento da Confraria dos homens invisíveis. Eis o novo:

7. *Homem, observa-te, conheça-te e anula-te.*

I want to hold your hand

O homem, suicida, que matou Primeiro chamava-se Fernando.

O longo sono de Primeiro

Agora que finalmente acordei percebi que foram quinze anos de sono. Existe um dia ruidoso e estranho lá fora. O pai caminha sem saber que posso ver e falar novamente. As jabuticabeiras não existem mais, posso ver o novo quintal pela janela do meu quarto. Como o potro que acabou de nascer, ainda não me equilibro corretamente nas pernas. São finas e estão muito bambas. O pai vai me fazer duzentas perguntas. Posso prever o assunto da metade delas. Nenhuma sobre mim ou meu estado de saúde e sanidade, mas sobre a minha compreensão de como foi difícil para ele cuidar de um vegetal, desenganado durante tanto tempo. Vou sair pela janela e ganhar o mundo caminhando solitário até me cansar e depois caminho um pouco mais ainda. É possível que algum antigo amigo, mais velho, reconheça alguns traços da infância em meu rosto de adulto. Devo estar com vinte e cinco anos agora. Passei a minha adolescência e juventude sonhando com penhascos e mulheres doces que me cobriam com cobertores felpudos enquanto eu descansava devido a um trabalho exaustivo. Sonhar trabalhando duro é o pior sonho que existe! Não se descansa mesmo dormindo, por isso é terrível.

Aos meus dez anos de idade tive uma doença. Senti uma tontura e logo em seguida um cansaço que não se resolvia com longas horas de sono, na verdade, agora percebo, eu apenas alongava os repousos até não acordar mais. O pai, ainda me lembro, eu podia ouvir baixinho, quase um ruído, reclamava de minha preguiça. Eu não abria mais os olhos e nem me defendia, apenas dormia e sonhava. Os sonhos se tornaram cada vez mais interessantes e pareciam me atrair para aquele mundo isolado, específico, distante. Um capítulo de cada vez, como uma novela. Uma armadilha. Eu finalmente fui pescado e levado definitivamente para o lugar de fantasia e deixei meu corpo repousando sereno na minha cama agradável e quente.

Do lado de fora está o pai. Do outro lado da rua a vizinha que me lavava com uma toalha molhada, eu me lembro. Eu não tinha forças para abrir os olhos e me deixava virar para quaisquer posições. Logo perdia completamente a noção de realidade e mergulhava novamente nos sonhos que me absorviam gradativamente. Mais à frente, nas casas velhas de muros altos, onde não há calçada, mas sim uma grama elevada e abandonada, estão os velhos amigos. Será que cresceram e mudaram-se para outro bairro? Minha mãe morreu pouco antes da minha partida para a terra dos sonhos. Agora sei que não me faz falta a presença da mãe, pois nem me lembro corretamente do seu rosto. Sei que era pura e doce. O pai deve ter ficado mais rancoroso e parece que tudo é culpa da sua viuvez. Não se conformou com a morte da esposa. A culpa que depositou em mim deve ter servido de conforto por um tempo. Não quero vê-lo. Antes que abra a porta do quarto para trocar o soro eu estarei noutro lugar, bem longe, explicando como é a vida de quem sonha mais do que vê realidades.

Quando eu atravessar a rua de baixo estarei nos portões do novo mundo. A liberdade. Então existirei novamente. Poderei brincar as brincadeiras que não brinquei e correr pelos campos gramados onde não pude correr. Como nunca se viu um garoto pular e se cansar, eu pularei e me cansarei e depois pedirei para alguém me devolver os meus sonhos de infância. Talvez eu possa também ficar invisível e esquecer que um dia fui criança e que não pude correr como correm os garotos. Não será preciso pegar a bola e chutar e depois fingir uma luta na areia até surgir o fim do dia e a mãe chamar para dentro de casa. Impossível não pensar nos rastros que não deixei.

O pai se aproxima com um assovio infernal. Vem dizer que sou um peso. Uma trouxa de roupa enorme que ele tem que carregar para todo lado, como alguém que nunca descansa, um Sísifo às avessas.

Nem tudo ficou escuro no começo. Quando os médicos vieram, eu pude ver alguns rostos e os jalecos brancos pela fresta mínima do olho que relutava em fechar, o esquerdo, mais esforçado. Depois, alguns ramos de arruda me lamberam o rosto e deixaram um odor desagradável. Acho que me fizeram ter sonhos ruins. O pai apenas dava de ombros. Senti o cheiro de queimado algumas vezes e umas velhas segurando facas em brasa. Rezavam baixinho e, pude ver pelo olho teimoso, que estavam dominadas por um assombroso transe místico. As coisas que disseram não fizeram efeito.

Com o tempo e o cansaço, o olho relutante desistiu e fechou-se acompanhando o outro que dormiu primeiro. Mas antes pude ver a mãe pela última vez, decadente. Cantou uma cançãozinha triste de sua infância, que decodifiquei graças a um sonho que foi embalado por ela. No sonho, a mãe era ao mesmo tempo nuvem e peixe. Fazia brotar da terra pequenos olhos que choravam formando um rio demasiadamente colorido e grande. No rio enormes vitórias-régias, muito parecidas com a lua, eram formadas dos corpos de lindas donzelas que, uma após a outra, mergulhavam nas águas agridoces, lembrando a lenda tupi-guarani. Minha mãe era Jaci, que transformava as damas. Eu apenas observava de uma árvore metamorfoseado em uma sinistra e gigantesca aranha preta e vermelha. O olho cansado insistentemente abriu uma derradeira vez e não mais vi a mãe. O quarto tornou-se puro e magnético silêncio. Convite para o sono, que durou até hoje.

O pai chega como quem traz junto de si um exército. Todos soldados violentos esfomeados, carregados de tantas perguntas que nem com uma disciplina e compreensão absolutas, de todas as coisas existentes, é possível responder. Eu sinto que existe um trem que passa por detrás do jardim, onde crianças dormiram durante mais de dez anos, e liga todas as cidades a um local onde todas essas mesmas crianças podem correr livremente. Uma pena não serem mais crianças. Estas ações infantis, dos adultos recém-descobertos, causarão impaciência e incompreensão. Penso que quando eu estiver velho terei na verdade a idade de um adulto de fato.

Agora que tomei a rua, munido apenas de algumas roupas na velha mochila da escola e uns livros que nunca li, já que antes de dormir não tinha idade suficiente para compreendê-los, estou a salvo. Na rua de baixo. As calçadas largas e os postes com pequenas lâmpadas aparentam mais recentes do que eu costumava lembrar. No fim da rua, a liberdade. Para ser sincero não sei se reconheceria o pai. Um pouco de pele flácida e restos de carne, é como ele era. Não quero vê-lo. À esquerda, a floresta interminável; à direita, o mar terrível. O pai já não interessa. Lembro-me de um lugar com o qual sonhei. A ilha da ideia. Nenhuma mata longínqua e virgem é tão hostil. Lá existe um segredo.

Hoje é Dia de Finados. Dia de todos os santos foi o aniversário do pai. As casas começam a terminar e os carros que vejo são diferentes. A maresia muda as cores de tudo. Algumas pedras mais pontudas se sobressaem na paisagem. Como consigo um barco para procurar a ilha? Depois de três dias vivendo de qualquer jeito, ainda não consegui conversar com um humano. Essa aranha, que possui mais patas do que me lembro de ter contado nas aranhas do quintal de casa, me persegue e sussurra no meu ouvido coisas sexuais que desconheço. Agora sei que o pênis não se presta apenas para urinar e nunca imaginei que pudesse ficar tão rijo. Estou ficando fraco e acho que se não comer vou definhar. Um argentino estranho me levou para sua casa e me mostrou como trabalhar com a madeira. Estou melhor. Agora sou marceneiro. Vivendo nessa cidade de bons ares, sinto que sou adulto finalmente. Planejo viver 100 anos e cometer loucuras geniais. Mas ainda não falo com humanos. Só com aqueles que me interessam e não me ameaçam. Isso logo passará.

O velho argentino me deu um brownie. Já nos conhecemos há cinco anos. Todo o pedaço está bem quente e no centro uma castanha gelada toca o céu da minha boca. Nunca senti nada tão frio. "É preciso morder com vontade." Ele diz. Depois disso não sei reconhecer mais sensações de quente e frio no interior de minha boca. E meu sexo exala um odor que, segundo ele, vai me deixar invisível. Não entendo bem o que isso significa, mas não quero discutir. Tomo o livro que trouxe para retomar a leitura da semana passada e vejo que seu interior guarda fios de meus cabelos infantis. É que fui ao barbeiro com o pai e fiquei fingindo ler o livro enquanto o homem decepava os pelos da minha cabeça. Dizia: "Já é um homenzinho, não chora mais."

É possível que exista uma explicação

Não vou abandoná-lo tanto tempo e deixá-lo apenas aos cuidados de Primeiro, caro leitor. Mesmo tendo a atenção em deixar claras as suas histórias, suas dores e seus tropeços, a narração de Primeiro, exclusivamente, pode acontecer de deixar o texto meio enfadonho. O curioso é que existe uma explicação para os acontecimentos do passado. Mesmo que eles submerjam em glorioso mistério é possível resgatar os fatos que desencadearam tudo que acabamos de conhecer. Tenham paciência. Deixemos Primeiro nos contar.

*

Pouco tempo antes de tudo isso, eu e os amigos fizemos aquela armadilha para castigar o homem rabugento da casa da esquina, da grande casa da esquina. Meu passado é odioso. Depois de dormir tanto tempo, agora tenho que confrontar o passado! Os garotos da rua jogavam bola todos os dias depois da aula, que termina às cinco da tarde. Eu gostava de ser goleiro. Fazíamos as marcas dos gols com tijolos furados que roubávamos de alguma construção nos arredores. O homem que morava na esquina se chamava Geraldo e tinha apelido de Bigode. Detestava que a molecada jogasse futebol na rua e, por mais de uma vez, passou com o pneu da caminhonete, uma D20 bege, muito conservada, capricho do homem, por cima dos tijolos e os destruiu. Foi assim que tivemos a ideia maluca. O Paulo observou que o homem carregava uma corrente que se dependurava por baixo da caminhonete enrolada no eixo, mas cujo arco era bem visível. O pai de Paulo tinha um depósito de materiais de construção.

Então inventamos a seguinte armadilha: fizemos um gancho enorme e enterramos na rua anterior, de cascalho, com uma corda para puxá-lo quando o Bigode passasse no final do dia. Foi o que fizemos. Cinco garotos escondidos atrás de um pequeno muro, aos pedaços, que guardava um lote baldio. Bastava que puxássemos a haste e ela funcionaria como uma âncora. A ponta curva, de ferro, se instalaria na corrente fazendo o serviço que esperávamos que fizesse. Queríamos reter a caminhonete na estrada. A coisa toda estava bem concebida. O gancho prendia-se a uma barra de ferro comprida que enterramos perpendicularmente, num buraco profundo e preenchido com cimento. Enquanto o gancho ficou enterrado em uma terra fofa, fácil de ser removida. Era bem flexível e só precisamos puxar um pouco para que ele se erguesse. Além do mais, Paulo preocupou-se em não cimentar o centro da barra para que o dispositivo girasse livremente. Escondidos e ansiosos ficamos os cinco esperando. O que não esperávamos é que o filho do velho Geraldo, o Bigodinho, como ousávamos chamá-lo, estivesse livre para voar do banco da D-20. E voou para o para-brisa. Aterrissou no asfalto. Morto.

O projeto foi descoberto. Os amigos punidos pelos pais. A justiça falhou e, por outro lado, não sabia como lidar com o caso. E eu, afetado, dormi.

Pode-se concluir que tenho algo para pagar. Cansei-me da vida e dessa rotina que não entendo. Meu pai caça-me pela casa vazia. Vejo que os cômodos se esticam e parecem, cada um deles, um labirinto interminável. No centro de cada um, um Minotauro diferente. Não há fio de segurança que Ariadne concede com ternura. Eu sou uma cria da desilusão com os sonhos e os sonhos cristalizaram em mim uma força que não serve para nada. A característica fundamental do homem invisível é a sua necessidade de tornar-se algo melhor. Não sendo, será. Esse foi o primeiro mandamento que conheci. Uma criança morreu para que o tempo tivesse mais um risco profundo em sua estrutura cristalina e delicada.

Mas todos os dias crianças morrem sem que outras, bem criativas e vingativas, tenham elaborado um plano fabuloso para destruir algo que odeiam, ou que pensam que odeiam. Homens desaparecem sem que outros chorem sua ausência. Outros querem tanto desaparecer que, meticulosamente, aderem-se a uma doutrina que é capaz de realizar essa tarefa. Ao longo da jornada deixam de ser queridos, deixam de ser necessários. O pai nem se lembra que eu existo. Agora anda pela casa, mas não sabe exatamente o que procura.

Oitavo e último Mandamento da Ordem Invisível

8. *Não sejas. Assim, e somente assim, serás completo.*

O melhor lugar para o desastre é o corpo

O último dia de outubro de 1974 terminou lentamente. As escavadeiras que criaram um enorme buraco na Rua 15 foram desligadas e deixadas ao relento. Dois pequenos operários conversavam sobre cerveja gelada e mulheres quentes. O céu ficava tão vermelho quanto a face de uma garota branca que percebe que os garotos reparam em seus contornos. Algumas flores roxas e precoces de quaresmeira apareciam tímidas. Os carros estacionados na rua, cheios de uma camada grossa de poeira e nomes escritos com os dedos indicadores da garotada sugeriam uma limpeza demorada. Os assobios das colunas de bambus que balançam distantes informavam que de longe o vento trazia notícia de chuva. As mães calorosas já pediam para os garotos deixarem o dia terminar enfiados no chuveiro para limparem a sujeira das impurezas da cidade. Os meninos da Rua 12 desceram para atirarem pedras nas corujas que repousavam inocentes nos postes que sustentam a cerca de arame farpado do sítio do velho Alfredo. Durante uma hora ele vai persegui-los sem sucesso. Eles se escondem nos galhos altos da mangueira antiga que "descansa serena sob o teto macio dos dias de Deus", segundo um dos meninos. Esse garoto virá a ser chamado aspirante, no futuro do referencial deles, tempo que entendemos como o nosso presente. Quando o velho quase desiste, um dos meninos desce, mas não percebe a espingarda apontada na sua direção. O tiro arranca-lhe o braço direito. O objeto fica parado no chão a uma distância considerável do restante do corpo que contém a cabeça e que, por sua função natural, sustenta e acomoda a boca, que não para de gritar. Os olhos também estão dispostos numa posição bem simétrica, como recomenda os tratados sobre anatomia humana, e derramam todo líquido que pode existir na forma salgada de lágrima. Deles também escorrem um óleo rosado, novidade para uma criança, mas devido à gravidade do caso, novas substâncias não podem ser impedidas de serem fabricadas. Enquanto o vento arremessa o sangue que não cessa em jorrar furiosamente desde o toco de braço até o chão, algumas gotas sujam os rostos dos outros meninos, que desesperados descem da árvore e correm para as suas casas gritando vorazmente o título da desgraça ocorrida. O nome do menino não deve ser dito ainda, visto que ele não se encaixa em nossa história sobre as celebridades anônimas que sugerem o tema deste texto em sua totalidade. Depois de cair no chão, o garoto vê que o velho está descontrolado. Não sabia que a bala matava! Achava que o tiro, chamado "disparo de susto", não tinha efeito em crianças. "Deus sempre protege os encachaçados e os infantes", dizia. Um dizer criativo e espirituoso para um moribundo aparentemente ignorante. O sol enigmaticamente ficou pequenino no fim do horizonte e é tão vermelho quanto o rubro líquido espalhado por toda a terra que também é vermelha. Quando o sangue de uma criança é derramado, exatamente no ponto onde a primeira gota cai, nasce uma planta de caule nutrido, é o que dizem umas senhoras gordas contadoras de causos e histórias sem pé nem cabeça. Essas mesmas donas desocupadas, também dizem que urina de "menino homem" cura queimadura de lagarta de fogo, mas não sabem como fazer crescer um novo braço de onde o original foi arrancado. Quando os garotos fujões chegam em casa, o som de suas vozes já morreu, assim como o braço sem vida que repousa na terra tão vermelha quanto a decadência do sol poente. Já está escuro e não é fácil chegar ao hospital. O velho não pensou em fugir. Enquanto se permite levar pela polícia roga às alturas, já que não conhece o nome de Deus e nem os apelidos dos santos, para que o menino não morra. Há também, por parte deste senhor, uma expectativa de que os médicos já saibam como implantar braços mecânicos e o menino volte tão normal quanto antes ou ainda melhor.

Depois que o amputado cresceu, nos deparamos com ele nos dias de hoje em sua vestimenta sombria e com uma função explícita de ocultar desejos estranhos. Quando o capitão da ordem, conhecido como Primeiro – capitão é uma forma irônica usada aqui para implicar os confrades já que estes detestam qualquer estrutura militar de organização, mas ainda assim Primeiro ocupa um posto elevado na ordem – viveu em Buenos Aires, conheceu criaturas das mais diversas espécies. Esse indivíduo estranho, cuja silhueta carece de simetria, não possui um braço desde a infância, o que tenta esconder sistematicamente, é a figura central na lista das aberrações que oscilam vivas na memória de Primeiro. E a função dessa narrativa é a instrução. Agora é imperativo que contemos que o nome do aleijado é Moisés. Moisés Inocêncio para ser exato e isso é tudo que precisa ser dito.

Quando a noite chega aos arredores do porto, um boneco articulado move-se sem anunciar sua presença. Está sempre triste e magoado. Não é incomum perceber o brilho das luzes fracas dos altos postes serem refletidas em uma ou duas gotas de lágrima que brotam de seus olhos negros e distantes. Moisés dedicou-se a uma arte que só ele investigou e desenvolveu. Seria muito eficiente o resultado de suas empreitadas, se desenvolvesse, juntamente com a habilidade que iremos apresentar, a capacidade de tornar-se invisível. Mas não vamos nos ater aos atributos da invisibilidade, visto que algo em sua atividade, muito ímpar, a supera, pelo menos neste capítulo. Ele é a sombra de um homem escolhido. Imita os movimentos do corpo e imagina que o outro possui seu braço. Mentalmente tem um braço direito cujas sensações ele possui. Um braço exatamente igual aquele que escolheu, o da sua vítima. Escolhe com exatidão. Para usurpar o que não é seu, ele precisa ter certeza de que as medidas são exatamente iguais às suas. O tamanho que o braço teria caso ele ainda existisse. A mão avantajada, o cotovelo proeminente e os dedos finos, ossudos e compridos. Depois de seguir pelas ruas, bares, locais públicos e isolados, reproduzindo o movimento que o observado faz, ele adquire coragem. O próximo passo todos podem imaginar. Morte e roubo. A peça é guardada para apodrecer junto com outras tantas sem utilidade. Mas antes ele coloca o braço, que não é seu no lugar que deseja tê-lo. Não funciona. O sangue que suja todo o dorso é marrom putrefato e cheira à loucura. O fedor dos braços guardados vai ganhar força e será o delator que colocará um fim nessa lamúria. Até lá, uma nova vítima deve surgir. Um novo membro arrancado trará um gosto de satisfação que durará muito pouco. E o letal discípulo da sórdida invisibilidade negativa, cruel e invertida, caminhará no sentido de consolidar sua demência ancestral, desperta.

*

Na véspera do Natal, Pedro ensina como matar um porco para a ceia. Faca amolada e lenço com éter. Depois de amarrados os dois pares de patas, uma das mãos segura o lenço úmido no focinho e outra enfia a faca direto no coração. Assim o animal não faz tanto barulho, quase desmaia antes de morrer. Alguns confrades, espontaneamente, criticam o consumo de carne de porco e reforçam categoricamente que não a comem. Não pensam como judeus, mas acham que existe qualquer coisa de suja na matéria que compõe os corpos.

O amuleto do amputado é um porco amarelo com focinho gigante.

A febre das moscas

Tal como é narrado pelo escritor e professor de literatura Oswaldo Vasconcelos, em um dos contos encontrados no seu livro intitulado *A febre das moscas*, podemos ter a exata noção do comportamento singular de um fantasma sombrio e aterrador que, na ausência de um de seus membros, caça na noite corpos sãos para satisfazer sua necessidade e sua loucura.

***

"Era hora de parar com a moda de andar sozinho perseguindo vulcões", dizia Mogna. Então a mãe sorria para todos os garotos imprestáveis da Rua 2 e pedia para que voltassem para casa mais cedo enquanto a lua ainda tinha interesse em ajudar. Não há muita claridade no interior e poucas luzes ainda acendem por causa do pouco dinheiro da prefeitura. Quando a respiração ficou curta por causa do cigarro, meu pai pediu que eu erguesse suas mãos para o céu e segurasse até que ele tivesse tomado fôlego completamente. Morreu alguns meses depois de me eleger o líder da família, já que a mãe demonstrava, nitidamente, aspectos de demência. Mogna tinha um apreço especial pelo menino ruivo que matou um gato a pauladas no dia primeiro de abril. Seu irmão tinha dito que uma onça invadira seu quarto. O ruivo arrancou o gato de cima do armário e arremessou na parede, bateu com força até que sobrasse apenas pele e osso moído. Depois que crescemos, nos encontramos com o garoto que não tinha braço e ele fingiu que não nos conhecia. Na rua que ele morava passamos poucas vezes e sabíamos que ele não era garoto para amizade, a mãe e o pai detestavam os meninos que criavam confusão. Nós apenas nos distanciamos praticamente de todos os garotos do bairro e crescemos sós, com nossos códigos de conduta.

No cais podemos ver uma sombra que persegue apenas os justos. É com cautela que o homem sem braço anda às vias de capturar Mogna, já que ela insiste em me visitar antes de uma viagem de longa duração. Como o homem parece ser invisível, sinto apenas sua presença. Contaram-me que ele sempre perseguia homens, nunca havia se interessado por mulher. Acho que os traços masculinos de Mogna o atraíram. É o corpo e a atitude que lhe interessam. Precisa recuperar o equilíbrio que a falta do braço desfez. Se eu ajudar Mogna, terei que matá-lo. Lembrei-me do garoto que matou o gato a pauladas. Ele seria de grande ajuda agora. Bastava um grito de socorro e o louco viria se debruçar sobre o aleijado e retirar todo a energia vital que o compõe. Não é o caso. Na madrugada da noite anterior eu o vi caçando perto dos galpões. O rosto branco luminoso meio encoberto por um capuz envelhecido. Lembrava-me os garotos da Rua 2 que se esgueiravam pela cerca de arame farpado para provocarem os cães da horta comunitária do bairro. Todos muito sujos, pálidos e esquálidos. Uma joia do oriente aquele branco brilhoso iluminando o breu das docas. Eu ainda acho que Mogna poderia atraí-lo para uma armadilha e o garoto-mata--gatos atirá-lo no inferno dos dementes, sobretudo o inferno daqueles que são desprovidos de um membro que, por causa dessa inconformidade, desejam ser a sombra de uma pessoa normal. O gato que foi massacrado berrou uma única vez. Espero que o branco faça o mesmo.

Depois de uns meses de viagem, voltei com uma novidade nos bolsos. Em Buenos Aires joguei tantas pedras na água, com tamanha perfeição matemática, que fui convidado à sala de alguns anciões. Ofereceram-me boa comida e um delicioso Merlot argentino. Aprendi a me virar sozinho nas docas e não ser visto, mesmo andando entre os homens. Não acredito que um ser capaz de manter-se invisível para os olhos impuros possa brigar em nível de igualdade com um aleijado obcecado por corpos simetricamente perfeitos. Mesmo assim segui com um plano que esquematizei nos dias em que a viagem se ocupava do retorno. Mogna assentiu em ser a isca.

***

Desculpe, você esperava o final da história? O livro inacabado, que é uma coleção de contos fantásticos, a maior parte sobre o assassino sem braço, *A febre das moscas* apresenta esse ensaio fantástico que influenciou o exemplo. Seu autor, o professor Oswaldo, assim como sua personagem, também possuía uma deformidade física. Fez várias entrevistas com hediondo matador condenado à morte. Todos os encontros foram cordiais e instrutivos. Morreu assassinado por um escritor medíocre e invejoso que não suportou o seu sucesso literário. Para nós, o conto parcial serviu ao propósito de apontar um comportamento sinistro e como fórmula de relevante comparação.

O demônio está nos detalhes

> Qual é a minha força, para que eu espere? Ou qual é o meu fim, para que me porte com paciência?
>
> Livro de Jó 6,11

O pobre Carlos saiu de casa às pressas. Pensou que se sua vida fosse ainda mais inútil, poderia trocá-la por qualquer outra. Invisível, detestava que os conhecidos lhe olhassem demoradamente e logo dissessem "te conheço de algum lugar", "me desculpe, não lembro seu nome". O Lorde Antoine Del Benne não sofria do mesmo mal. Adiantava-se em dizer que era pessoa culta e admirada antes de receber elogios de seus súditos sinceros, pois a grande verdade é que era muito querido e seguido por todos.

Pobre Carlos? Algo com muita comiseração para falar na voz do narrador. Desculpe. Invisibilidade cultuada pode ser perigosa, invisibilidade estúpida é desnecessária. O desejo de Carlos, plebeu, de viver a vida do Lorde movia terrivelmente sua conduta. Antes fosse um pobre que, com trabalho honesto e orgulho familiar, nunca quisesse trocar sua situação humana pelas ilusões do dinheiro, que nem sempre são enganosas, mas as rotulamos assim para obtermos conforto. Outros homens quiseram outra vida. A sabedoria do respeito à situação de vivo e do reconhecimento da natureza esbarra na disciplina do homem invisível.

Voltaremos a falar de Carlos depois. Não para contar a sua história, já que Carlos não existe, é apenas uma invenção que serve, convenientemente, para demonstrar um ponto de vista. Uma fração do livro memorável chamado o *Resgate dos mortos*, de autoria desconhecida – bem, alguns dizem que foi escrito pelo anjo caído Lúcifer, usando "a sua proeminente unha do dedo mínimo esquerdo", e outros ainda atribuem o texto ao Hanasmussen Ivo Xoloth que provavelmente nem existiu – nos presenteia com uma história que eu arrisco nomear de maravilhosa.

A personagem, Judas (acredite, é o Judas que você pensou primeiro quando leu o nome), dá um exemplo que o leitor poderá comparar com a reflexão que quis motivar, relacionada ao nosso personagem pacato apresentado no início deste capítulo.

***

Prólogo curto

Por causa da simplicidade dos pobres, alguns bárbaros receberam esse título impiedoso. De tortura e morte está repleto o currículo de homens insanos que desvendaram o teor do sentimento de controle, a frieza da perspectiva na totalidade da investida da faca contra a carne quente tornando-a fria. Outros homens devotaram sua vida a seguir e por causa da obediência tiveram redenção.

*

O primeiro morto

No deserto, há mais de doze dias, seus mantimentos acabavam. Sem saída morria aos poucos por causa da falência do corpo outrora firme que agora exige, mais do que nunca, água cristalina, salvadora. O pó que tomou o horizonte é uma alavanca de tristeza que coloca a mente em total confusão e desespero – a morte é certa. A irmã, que ficou sozinha com dois filhos ainda muito pequenos, espera que a sorte tenha acometido Judas, o irmão que cruza o inferno em busca de uma nova vida. Só há terra e pedras à frente. E há também a desilusão que não conforta, que explora a carne, assim como a lâmina do bárbaro. Parece que falar em carne sugere ao corpo um efeito totalmente contrário e desmotivador. "Queria carne! Carne e água." E segue sustentado por patas que antes fossem travadas com ferraduras, tais como as de seus cavalos – tinha dois. A necessidade os levou, assim como levou a sua dignidade. Causa tenebrosa essa de querer, junto com outros tantos sonhadores, uma reviravolta na cidade, no país. Determinar o fim do julgo! Assim também desfalecem humanos fortes e decididos. A irmã o advertiu. Agora sonha com a casa em cima da pedra firme. Madeira e barro por todos os cômodos, seguindo a tradição da resistência. Talvez Judas, que sabemos diferencia-se daqueles com primeiros nomes homônimos pelo seu infame Iscariotes, consiga sair do deserto e rever os sobrinhos famintos, que se manifestam noutro deserto menos rigoroso, mas também, que por covardia, exige sua parcela gorda de sangue e de dor.

À frente o pó que voa. Um vulto surge e Judas quase cego reconhece o ancião que se prostra de joelhos na pedra negativa e quente. Judas corre em acolhida, para que o velho desfrute de braços humanos nos segundos finais. A conversa é curta. O velho não pede água, Judas apenas deixa que seu coração fale e divide o pouco – "Se vamos morrer aqui, que seja com dignidade." Atrelados ao interesse mútuo, os dois esperam que o destino lhes conceda um final com pouca dor, mas isso não pode acontecer. Qualquer humano digno de um cérebro razoável sabe que sugar a vida completamente é complicado. Demora demais. Sofre demais. Algo misturado a trovões e relâmpagos inefáveis tem que acontecer. O velho sussurra um obrigado paupérrimo. Diz que não precisa viver uma hora a mais do que viveu até aquele momento e que se o mundo não foi grato pela sua presença que seja pela sua morte.

– É preciso, Judas, que você se instale na Galileia, que procure o messias chamado Jesus, o Cristo, e com ele construa amizade e confiança.

– Como sabe meu nome?

– Isso não é importante. Mas o que direi a seguir lhe deixará realmente impressionado.

– Diga, velho. Sou ouvidos.

– O filho do homem corre perigo e sua missão está comprometida. Um príncipe do oriente vem matá-lo, sentiu sua presença, a ameaça do seu poder. Deus não quer a façanha do astro. Tem que detê-lo. Sua tarefa é avisar o Mestre.

– Como saberei que suas palavras são verdadeiras? Tenho problemas demais, sem contar que nunca sairei vivo desse inferno.

– Depois de meu último suspiro olhe atentamente para o sul. Verá um corcel negro, saudável. Ele será sua glória. Fugirá nele das unhas da maldade de Satã. Eis o meu fim, querido irmão. Andei a sua procura. Meu trabalho está feito.

O velho suspirou uma última vez como havia dito e pesou morto nos braços de Judas, que chorou a morte do homem. Lágrimas curtas que apenas juntaram-se à poeira nos olhos para assentar-se como uma massa de barro nos sulcos da face nas proximidades. Logo sentiu que o vento cessou e um garanhão negro surgiu diante dos seus olhos como um milagre de verdadeira ordem gloriosa. Sumiu daquele lugar, mas não sem antes dar ao velho um adeus de irmão e de amigo. Agradeceu aos céus e à deidade oriunda de sua atenção confusa e partiu.

Na cidade a irmã sofria com a angústia de sua necessidade da presença do irmão. A pobre estava em situação delicada, pois tinha sido despejada de sua residência medíocre. Judas, ao vê-la com os meninos no colo, jogados na calçada suja, compadeceu de todos aqueles que no mundo não têm um lugar de direito. Levou os três para sua casa simples. Disse que tudo era dela. Que agora precisava deixar a luta e os zelotes que esperassem. Depois de tudo resolvido, retornaria para cuidar da irmã querida e dos filhos pobres.

*

O homem procurava no solo a sombra e na descida viu uma vida que lutava na areia quente. Desde que saiu de Kerioth não pensou mais na dor da irmã ou no velho do deserto. Pensava no Mestre, a quem chamavam Jesus, em como seria seu rosto e sua atitude. O besouro empurrava o excremento com a decisão de Sísifo. Os olhos na terra. Lembrou-se por alguns segundos do cavalo que o salvou. Onde estaria agora? Podia tê-lo prendido e vendido para ajudar a irmã. Mas assim que chegou à cidade caiu quase morto no chão. Foi socorrido e, quando acordou, não mais viu o animal.

Ao chegar em Cafarnaum procurou os pescadores, porque lhe disseram que era assim que encontraria aquele que chamavam de Mestre. O sol arrasava as ideias. Judas não era um garoto. Viu que o curandeiro era altivo, tinha olhos cor de mel e ombros largos. Usava barba cerrada e cabelos castanhos desciam paralelamente à nuca morena, suada. Tocou-lhe nas costas para chamar sua atenção e o que veio foi um sopro do infinito. Judas caiu de joelhos em frente ao homem e a náusea assolou seu corpo. Sentiu vertigem e vomitou. Quando voltou a si estava renovado, era outro. Jesus soltou um ruído baixo, só Judas ouviu: "Não conheço você." Algo sereno e tenebroso ocupou o lugar do sol. O dia escureceu numa nuvem fractal. Uma sombra desenhada formou um tapete sombrio na terra arenosa e Judas colocou-se de pé novamente, enfim.

Há homens que se servem da força para fazerem-se temidos. Judas era grande. Um metro e oitenta. Grandes braços. Muita angústia. Cabelos anelados e vermelhos. Vermelhos como brasa nova. Este que acabou de levantar era forte. Lutou contra soldados armados e venceu. Tinha cicatrizes na face e no peito. Foi quase ferido de morte e sobreviveu. Aliás, sobreviveu à sede e à fome no deserto. Derrotou o cansaço. Não pôde olhar nos olhos de Jesus que agora estava à sua frente. Os dois tinham exatamente a mesma altura. Podia-se pensar que Judas era um centímetro mais alto, mas o estilo do cabelo desgrenhado lhe dava vantagem.

"Vim para segui-lo." Pedro não concordou. "Não confio nesse aí." Jesus abrandou os ânimos. Olhou para um horizonte que não fornecia nenhuma paisagem especial. Determinou que a nuvem se dissipasse e que o dia voltasse a ser claro como antes. Olhou seus discípulos e pensou que eram apenas gente comum. "Pescadores de homens. Isso não pode ser." Voltou-se para Judas e disse saber que era bruto. Que defendia sua terra com a disciplina das mãos e não recusava combate. Depois observou o fogo das fornalhas onde as mulheres fritavam a carne dos porcos para salvar a banha. Lentamente falou: "Meu pai, que não reside em outro lugar se não em mim mesmo, criou um mundo cheio de maravilhas. Seu sangue é tão vermelho quanto o meu. Se veio para derramá-lo, por suas mãos ou para fazê-lo pelas mãos de outros, então fique. Deixemos caminhar os destinos."

*

Do outro lado do mundo um Príncipe herdeiro está junto a uma multidão de discípulos. Procura o Norte desde sua terra natal. Quer encontrar o homem que o tornará pó. Em sua caminhada acrescentam-se o cansaço e o pessimismo. Noutro momento soube que um Mestre, que seria coroado rei depois de entrar triunfante em uma cidade chamada

Jerusalém, era seu verdadeiro inimigo e a razão pela qual seu reinado, que ainda não começara, seria posto ao chão e o levaria ao completo fracasso como governante de sua terra.

A terra desse lado do mundo cobra um preço alto para que viajantes incautos a atravessem. O Príncipe deixou que o oráculo de sua terra o convencesse a seguir uma caminhada maldita. Muitos já morreram. O corpo não aguentou a dura jornada.

*

Culpa. Há algum tempo discuti esse sentimento em um texto que não foi publicado. Se Judas é o homem destruído pelo cristianismo e há dois mil anos carrega uma cruz vitalícia, esse novo texto tem objetivo de desconstruir essa ideia. Não sei se funciona. Na verdade, eu não me importo muito.

*

Depois de muito cansaço, o sol pode ser a solução. O remédio é usar o seu maior adversário como arma. Uma caravana de cento e quatorze homens só serve para atrapalhar a conclusão do objetivo da viagem. Todos têm sede, todos têm fome. O deserto é arisco, não tem dádiva. O Príncipe seguiu com apenas quatorze homens e deixou todo o resto para morrer sem mantimentos debaixo das labaredas de um sol pungente que não perdoa.

Ao lado do Príncipe – agora podemos nomeá-lo de cruel – está o seu homem de confiança. Seu nome é impronunciável. Escrevê-lo é um ato de mais arte do que técnica. Recuso-me a mencioná-lo por dois motivos. A adaptação dos símbolos para a nossa escrita é impossível, faz com que o sentido se perca completamente e, sinceramente, isso não é relevante. Neste ponto da narrativa podemos incluir uma explicação necessária. Depois de caminhar terríveis dias no deserto, o Príncipe sobreviveu. Não sem dever a sua vida ao seu braço direito. Chegando em uma cidade pequena, ainda distante da Galileia, pediram ajuda para um jovem amável chamado Paulo. O homem de nome impronunciável pediu encarecidamente ajuda para seu mestre debilitado. Foram acolhidos com grande afeto e durante muitos dias abusaram da hospitalidade de Paulo. O Príncipe e seus quatorze subordinados dormiam, comiam e bebiam às custas do anfitrião que, em momento algum, deixou que percebessem um mínimo ruído de insatisfação. O Príncipe, depois de retomar os sentidos e perceber a situação, prometeu riqueza e compensação para o caridoso estranho.

*

Vou chamar o braço direito do Príncipe, cujo nome, já expliquei, não ouso escrever, de comandante. Assim consigo administrar melhor as citações à sua participação que farei ao longo do restante do texto.

*

Paulo confiou um segredo ao comandante em troca de uma única resposta a uma pergunta simples que queria fazer. O comandante ouviu com atenção a história do homem e depois deixou que este fizesse sua pergunta. Paulo estava ansioso. Quis saber quem era o homem que vagava debilitado pelo deserto numa busca estranha e confusa.

O comandante contou que o príncipe acolhera um velho decrépito em sua terra natal. Deu ao ancião comida e água em troca de uma informação que o velho garantia que tinha em seu poder. Mostrou que existia uma maneira única de o Príncipe contornar a ameaça que fora descoberta pelos seus oráculos, que eram de sua inteira confiança e nutriam a sua crença em toda sua mística e rituais. "Portanto, saiba, aquele homem que está deitado, quase morto, procura um homem que se auto denomina o filho de Deus e quer encontrá-lo a qualquer custo."

*

O príncipe chegou ao Getsêmani. A cara enrugada, culpa do sol. Atordoado pela descrença alcançou o monte sem falar qualquer palavra. Depois de ver Judas beijar Jesus, desmoronou. Um vento complicado repartiu seus cabelos negros oscilantes. Parecia que estava entrando em um sonho ruim. Perdia a compreensão da vigília e era atacado por signos incompreensíveis. Pedro lutou com um soldado que perdeu a orelha por causa de um golpe seu quando manipulou habilmente a adaga. Foi convencido a quietar-se por Jesus que já era prisioneiro. Um redemoinho de ideias surgiu na mente do príncipe que desmaiou desconsolado. Quando acordou era outro. O Judas também era outro. O céu e o mundo, com seus quatro horizontes tristes e vermelhos, também eram outros. Jesus era o mesmo e caminhava sem olhar para o que deixou atrás de si. Judas fora amparado, desde o solo até tornar-se a estar de pé, por um velho que lhe pareceu bastante familiar. O silêncio voltou a reconhecer-lhe a face e era como uma concha de caramujo, arqueada para espiral Fibonacci, engolindo-se inteira e guardando todo som que existe na terra no seu pequeno casulo corpo-negro inviolável. Eis que a última voz do Messias pareceu o sopro de um pecador.

O velho ria baixinho. Estava sujo e fedia a peixe podre. O príncipe levantava-se apoiado pelo comandante. Uma chuvinha serena caiu e começou a deixar todos bem molhados, menos Jesus que já ia longe.

Antes, Judas sentia falta de ar. Insuficiência respiratória oriunda da culpa, que não tinha por sinal. Obrigava-se a exercícios grotescos com as costas arqueadas e os braços para o alto buscando, desde o mundo até o fundo dos pulmões, escassos centímetros cúbicos de ar que entravam limpos e saíam modificados para sentir-se aliviado. Não se permitia a súplica ao deus desconhecido, mas quando o alívio definitivo veio, e voltou a respirar gradativamente melhor, achou que alguém oculto zelava por ele.

– Vê esse final? Tudo em que se tornou aquele velho asqueroso. Ele não é outro senão Satanás. Quando você permitiu, Judas, incutiu em você uma ideia, que você incorporou fielmente, e nos trocou os corpos. Essa nuvem que sobrou é a poeira semente de uma moléstia, que significa, para você, unicamente, fracasso.

Os olhos de Judas eram angústia devastadora. As pupilas, um profundo oceano minúsculo e irremediavelmente morto. Viu que o velho se desmanchou em folhas secas e foi levado pelo vento. O sopro deixou atrás de si um cheiro horroroso e logo depois pareceu que uma mistura de odores de flores e incenso tomaram o lugar da pestilência. Estava agora no seu corpo novamente e entendia tudo. Pôde perceber que fez parte de um plano macabro. Fora usado. Sentia-se tonto, mas o conforto de sua velha roupa orgânica o fez retomar a força de antes e pôde sentir a cabeça organizar-se e sua postura melhorou rapidamente. Deixou-se ficar ereto e olhou ao redor com uma perspectiva apurada. O príncipe lhe dava as costas rapidamente.

– Está de partida, covarde?

– Vou aonde quero ir. Não dou satisfação a ninguém. Esse tempo já passou, enfim.

– Não pode ir sem devolver o que é meu.

– E o que seria?

– Posso lhe mostrar bem de perto. É algo muito caro para mim. Muito íntimo, muito sério, muito antigo.

– Eu lhe dei uma nova vida.

– Eu não queria.

– Todos querem olhar os homens de cima, com poder.

– Preferia andar à sombra de um homem bom. Colocaria minha adaga a seu serviço.

– Não era um homem bom. Eu o conheci bem.

– Você não sabe a diferença.

– Todos meus homens à sua disposição. Um reino para você, Judas, e decidiu definhar pelo deserto por causa de uma ideia.

– Tinha meus motivos.

– Você era invisível.

– Ainda sou.

– Não importa. Todos são. Seu messias será mais um.

– Você não aprendeu nada com sua outra vida?

– Sim Judas, seu corpo me forneceu a maior conquista possível. Me concedeu o poder de matar um homem importante e com ele uma ideia.

– Você plantou uma semente.

– Sim, a da discórdia.

– Não. Você inaugurou a cruz como símbolo.

O Príncipe bate palmas.

– Não se engane, Judas. Todos os símbolos são a bandeira de uma estrutura que se nivela por baixo.

– Ela pode influenciar a melhoria.

– Ou a revolta.

– A revolta é uma coisa boa. O coração precisa de revolta, a mente não. Sua filosofia é apenas racional. Seu verbo é maldito, cheira a enxofre.

– Lembre-se irmão, se surgir uma doutrina fruto dessa minha ação, quero o direito de autoria. Mas saiba, caro irmão, que as estruturas grandiosas não garantem a verdade. Pelo contrário, a riqueza sempre está na minoria.

– Cuidado canhoto, eu carrego minha adaga.

– Volte a cortar pescoços, Judas. Seja um invisível que produz fantasmas.

– Meu corpo está cansado. Sua face me enjoa.

– Sente-se na pedra. Acolha o Getsêmani.

– Sempre há redenção para aquele que luta.

– Há um lugar guardado para aqueles que pensam.

– No coração está a força.

– Joguemos outro jogo. Eu farei novos exércitos. Voltarei para ver seu túmulo, no futuro.

– Adeus, meu irmão.

– Adeus, Judas, o traidor.

– Cuidado Z***, você deixou cem homens para morrer no deserto.

O fato é que homem algum conversou com Judas novamente. Dizem que antes de jogar aos pés dos sacerdotes as 30 moedas de ouro observou sua irmã e sobrinhos de longe. Os olhos sangraram e o rosto ficou manchado com a mistura de sangue e pó. Benzeu a irmã com seu pouco rigor e verteu sua caminhada para o abismo. Judas enforcou-se depois de aparecer como um colosso na sinagoga e cuspir três vezes no chão supostamente sagrado onde também esparramou o dinheiro conquistado pelo Príncipe. Seu corpo podre desmoronou desde a corda presa ao galho firme. Não foi enterrado.

***

Não me parece difícil que Heinrich von Kleist tenha conhecido essa história e que, também, tenha sido por ela influenciado quando concebeu seu Michael Kohlhaas. Outro que possivelmente pode ter bebido nessa fonte é Nikos Kazantzakis. Sua indulgência para com Judas pode ter origem inspiradora nesse texto fantástico. São apenas suposições.

Voltemos ao nosso estúpido Carlos.

Carlos persegue obsessivamente uma ideia. Morrerá por ela. É mais fácil viver com a esperança de que é possível concretizar algo, alcançar um objetivo, do que ser tolhido na raiz. Carlos nunca será o Lorde, mas quer acreditar que pode.

Nosso amigo quer ser o nobre. Não pode! Então finge ser um mendigo. Pede ajuda. O bondoso Lorde Del Benne o ajuda, não o conhece, nunca o viu. Pode tê-lo inconscientemente visto de uma distância segura, considerável. Não guardou o rosto, não quis, não era necessário. O nobre oferece água, comida, roupas novas, dinheiro para recomeçar a vida, oferece sua casa como abrigo. Carlos ganha sua confiança, é paupérrimo, inofensivo. Quer lutar contra a corrente que o massacra e demonstra que precisa de ajuda, é dócil. Carlos acabou por conquistar a confiança do Lorde. Mas quando o homem de posses vira as costas, ele o mata. Apunhala sem piedade. Deixa que a faca penetre a carne até que o sangue toque suas mãos, quer ser parte do corpo do nobre.

Qual a moral da história? Carlos é mau e os bons sempre sofrem? Como querem, por exemplo, os cristãos. Não. Carlos sempre quis vê-lo morto. Desde sempre.

O destino jogou duas pedras de alerta. Uma caiu na água e afundou. A outra raspou no ombro do Lorde, mas ele não sentiu. Não direi mais nada! Quem sabe entender que entenda. A invisibilidade também é redenção.

Algo parece inconcluso

Deus vai embora quando mais precisamos dele. É estranho, bastante estranho, alguém dar o nome de Hoog para seu filho. Talvez por isso, depois de Renato contar, os confrades preferiram chamá-lo de "O gato de Hades". Originalmente, após sua primeira aparição no salão da sociedade, descoberto por Pedro, Hoog falou demais sobre como o inferno está próximo. Advertiu os confrades e parece não ter levado muito a sério a doutrina, mesmo apresentando uma inteligência incomum. Primeiro achou que Pedro podia ter errado dessa vez, mas não interferiu. Foi Hoog quem descobriu Fernando e o trouxe para ser recusado como membro por Primeiro. Alegou que o garoto tinha uma instabilidade emocional visível, muito fácil de ser detectada e pessoas assim comprometem a estabilidade de um grupo, especialmente um grupo cujo objetivo é tão insólito. O gato de Hades fez questão de dizer pessoalmente para Fernando que ele era jovem demais para tão árdua tarefa. Desaparecer completamente não é desafio fácil de dominar e os jovens naturalmente possuem uma tendência para agirem de maneira contrária à proposta de ação do grupo. Mentiu. Fernando desapareceu. O gato de Hades dizia que seu fogo letal queimara os menores pensamentos do garoto, afastando-o, por temor, para longe daquela casa de malucos.

Hoog não se envolvia. Tinha uma banca de frutas na feira e era um desastre completo. Falava mais do que devia. Propagandeava coisas que deveria guardar. Depois da morte de Primeiro ele também foi excluído. Não se importou. Disse que tinha estabelecido ao longo do aprendizado um mandamento muito eficaz e que era com ele que levava a sua vida confusa e desajustada. Dizia:

Meu mandamento: Só posso viver à custa de uma alegria visível que está associada ao sorriso daquele que surge, e que é possível graças à minha maneira contagiante de ser.

Meio simples e meio antiquado. O gato de Hades não viu problemas em nenhuma das mortes e não chorou nenhum dos confrades. Mesmo quando o garoto Fernando se jogou da ponte, mergulhando, como uma flecha que desce, no rio quase seco para espatifar a cara doentia nas pedras molhadas, ele não reagiu – pelo que se sabe não demonstrou algum tipo de expressão humana. Aguardou que sua vez de morrer fosse o único momento em que choraria, pois dizia que aprendera com sua avó uma oração antiga, extremamente complexa e enigmática, que quando declamada em voz alta, e o orador está orientado para o leste, todos os dias no começo da noite, um aviso viria com os ventos e nele a notícia do dia de sua morte, com precisão absoluta. Assim, declarava que na véspera choraria todos os prantos guardados de uma vida absurda.

O homem invisível

Antes de Pedro fechar o salão da Confraria e entregar as chaves para o italiano, viu umas folhas de papel caídas no chão. Observou que o texto era uma explicação sobre o deus mexicano Quetzalcóatl, a Serpente emplumada. No papel algumas observações e uns desenhos de um homem alado com um sol grandioso ao fundo.

Pedro riu alto quando comparou o deus asteca com o homem invisível. O segundo achou que existia uma grande discrepância entre homens que almejam desaparecer das vistas de seus semelhantes e um deus espalhafatoso que se assemelha a uma serpente alada.

Enquanto Pedro ria de si mesmo e de suas observações, enquanto analisava os ricos e caprichados desenhos inseridos no papel branco, não percebeu a presença de Judas, o sonâmbulo sofredor, sentado a alguns metros dos leões de pedra.

Quando Pedro saiu, conversou alguns minutos com o italiano e pagou algumas dívidas de aluguel que tinha com ele. Enquanto conversavam e contavam o dinheiro juntos, não se deram conta de que Judas os rondava. Depois de tudo acertado, Pedro seguiu pela calçada, queria ir para algum bar e levantar a mão na esperança de que o garçom não percebesse a sua presença. Judas o seguiu por alguns quarteirões. Depois mudou de direção e escolheu uma outra rua. Em momento algum Pedro notou a sua presença.

Apêndice

Livro de criaturas e coisas

1. O Cordeiro

Para o dicionário da língua portuguesa, o significado da palavra *cordeiro* é: 1 – O filho da ovelha, ainda novo e tenro. 2 – Pessoa mansa e inocente.

Forma como Jesus de Nazaré é tratado no Evangelho (João 1:29) "Eis o Cordeiro de Deus, que tira o pecado do mundo."[8]

O Cordeiro é a representação do filho de Deus (o filho do homem), aquele que vai de boa vontade para o abate. Significa que se doou mansamente para o sacrifício, para o perdão dos pecados de todos os humanos. Aparece com mais frequência no livro das revelações, onde é declarado sem ressalvas o salvador da humanidade e o filho absoluto do Deus Todo-Poderoso. Não é uma figura agradável, pois sua forma física é peculiar ornada por uma estrutura curiosa, não comumente encontrada nos seres da fauna terrestre. No seu corpo de cordeiro um excesso de olhos e chifres lhe dá um aspecto monstruoso, assustador. A criatura parece ser a forma inconcebível de um ser com tanto poder e glória que os olhos humanos não poderiam conceber e a mente humana não poderia racionalizar. Assim, um aspecto estranho parece estar mais de acordo com a condição de figura incompreensível para a mente simples, que é necessária apresentar. A criatura é referenciada com respeito e infinita devoção por um conjunto altamente qualificado de criaturas divinas que compõem, contraditoriamente, o "panteão" cristão de "deuses", recebendo deles todas as honras de um ser supremo e poderoso. Uma das muitas citações está em Apocalipse (5:6-14) que apresenta o cordeiro como uma referência ao filho de Deus imolado:

"6 Nisto vi, entre o trono e os quatro seres viventes, no meio dos anciãos, um *Cordeiro* em pé, como havendo sido morto, e tinha sete chifres e sete olhos, que são os sete espíritos de Deus, enviados por toda a terra.

7 E veio e tomou o livro da destra do que estava assentado sobre o trono.

8 Logo que tomou o livro, os quatro seres viventes e os vinte e quatro anciãos prostraram-se diante do *Cordeiro*, tendo cada um deles uma harpa e taças de ouro cheias de incenso, que são as orações dos santos.

9 E cantavam um cântico novo, dizendo: Digno és de tomar o livro, e de abrir os seus selos; porque foste morto, e com o teu sangue compraste para Deus homens de toda tribo, e língua, e povo e nação;

10 e para o nosso Deus os fizeste reino, e sacerdotes; e eles reinarão sobre a terra.

11 E olhei, e vi a voz de muitos anjos ao redor do trono e dos seres viventes e dos anciãos; e o número deles era miríades de miríades; e o número deles era miríades de miríades e milhares de milhares,

12 que com grande voz diziam: Digno é o *Cordeiro*, que foi morto, de receber o poder, e riqueza, e sabedoria, e força, e honra, e glória, e louvor.

13 Ouvi também a toda criatura que está no céu, e na terra, e debaixo da terra, e no mar, e a todas as coisas que neles há, dizerem: Ao que está assentado sobre o trono, e ao *Cordeiro*, seja o louvor, e a honra, e a glória, e o domínio pelos séculos dos séculos:

14 e os quatro seres viventes diziam: Amém. E os anciãos prostraram-se e adoraram."[8]

2. Os gatos

Sem delongas, visto que o gato é um animal de mil faces, estes animais possuem muitas vidas, segundo a crença popular. Sete para ser exato. Templos foram construídos em sua homenagem. Vou apresentar uma única referência que ilustra bem as multifaces desse bicho estranho e curioso. Alguns ocultistas acreditam que o gato transita livremente entre dois mundos: o físico e o espiritual. Segundo o esotérico mexicano Samael Aun Weor, o Elemental (alma) do gato é um gigante carismático e de cor prateada. Sua postura é igual a de um ser humano. A cabeça é completamente de gato e é bastante ágil.

3. Os ratos

Em *O flautista de Hamlin*, os ratos dominaram a cidade e transformaram a vida de seus habitantes. Criaturas desprezíveis, asquerosas e mortais só podem ser vistas com desprezo. Metáfora coerente, apresenta a necessidade da desobstrução criada por essas criaturas. O flautista é o salvador. Mas para sê-lo deve-se acreditar que de fato os ratos são terríveis.

Em contrapartida existe um culto ao rato em algumas culturas. Por exemplo, no Templo de Karni Mata, no Estado do Rajastão, na Índia, os ratos são alimentados e adorados. Os crentes acreditam que os corpos dos ratos são recipientes para encarnação dos seus adoradores.

4. A mãe de todos

A mãe de todos é uma invenção cuja a autoria é desconhecida. Paira sobre as culturas escandinavas os mais antigos registros. Parece ser uma mulher cujos seios imensos vertem leite para toda a humanidade. Pereceu nas mãos dos bárbaros e engravidou de um colosso sujo e malvado dando origem ao herói que libertou uma espécie muito rara de ave responsável pelo equilíbrio térmico da terra. Por vingança as aves condenaram os povos bárbaros, que as maltrataram, a viverem num inverno eterno. As aves recolheram a mãe do mundo das mãos dos covardes estupradores e a levaram em segurança para o céu, de onde ela observa o mundo e alimenta os justos, apenas. Seu filho matou o pai bárbaro e com ele extirpou da face da terra metade do mal que existe.

5. O Monstro das mil retinas

A descrição do animal mitológico chamado Monstro das mil retinas é um dos capítulos do *Bestiário magnífico*, escrito em 1837 pelo italiano Michelangelo Ruffini. Em seu livro, o escritor detalha as aptidões monstruosas e as insanidades humanas relacionadas a cerca de 380 animais exóticos, todos com atributos físicos e emocionais que destacam fisiologia e desejos semelhantes aos dos humanos. Em alguns casos existem as taras e as distorções de comportamento que afetam os humanos, e que definem as características das criaturas descritas no bestiário. Numa versão o escritor quis confrontar as autoridades religiosas e publicou, para todas as criaturas, textos completamente pornográficos e de descrições avassaladoras sobre as preferências sexuais dos animais mitológicos. Esse livro alternativo foi confiscado pela Igreja e queimado. É possível que alguma versão tenha sido salva, pois alguns estudiosos arriscam nomear os títulos dos textos sobre cada animal exótico com sua versão obscena. Por exemplo, o Monstro das mil retinas, na segunda versão, teria recebido o nome de "o monstro das mil bucetas". Como disse, não é certo que ainda exista uma versão desse livro, mas aqui estamos interessados no original que faz jus à citação necessária que foi feita no capítulo intitulado "Primeiro, a morte!".

O texto na íntegra, do capítulo 225, que trata do Monstro das mil retinas, para conhecimento dos curiosos, segue:

"É sabido que o monstro das mil retinas é surdo e mantém a maioria de seus mil olhos fechados a maior parte de sua vida, que é longa. Reside num pântano tão hostil que quase nunca pode ser visto. Das mil retinas cinco são dotadas de uma capacidade mágica de formar uma imagem do futuro. Sabe-se ainda que no período do seu cio, que só acontece uma vez a cada década, o monstro se descontrola e abre seus mil olhos enxergando distâncias impossíveis de qualquer aparato humano mensurar. Homens de todos os lugares são recrutados e são mortos às centenas tentando executar, por necessidade vital, a difícil tarefa de controlar o monstro, já que fazê-lo fechar seus olhos, nesse período, é quase impossível. O fato natural de não possuir ouvidos é compensado por um aguçado olfato, um poderoso grito estridente, ensurdecedor, e uma incrível capacidade de lubrificação de seus globos oculares, que faz com que deles escorram cachoeiras de um líquido transparente e lubrificante que inunda as cidades. A morte do monstro é impossível e seu gosto por carne humana serve para robustecer sua estrutura corpórea e amplificar a rigidez de sua pele asquerosa.

Uma mutação centenária, delicada e rara, motivada por uma chuva improvável de lágrimas de cem garanhões de crina rubra, transformou o monstro em mil donzelas belíssimas das quais novecentas e noventa e cinco são mutiladas e deprimidas, mas nunca se negam a chorar por comida. Uma cidade chamada Estefânia submergiu no líquido insípido, inodoro, porém salgado. Dezenas de homens lutaram contra o monstro e morreram tentando dominá-lo. Um Estefânio viril e corajoso, tentando uma solução inusitada, atacou as narinas do monstro e o feriu gravemente. Sem reconhecer os cheiros e confuso pelo ilimitado número de visões dos mil olhos, o monstro soltou tantos berros enlouquecidos e esganiçados e sentiu dores tão terríveis, que os olhos secaram e o monstro retornou cego e definitivamente para o seu pântano solitário."

6. Barrabás

Nos tópicos excelentes da Suma ateia de Valadis, publicada em Alexandria por volta do ano 1000 da era cristã, existe uma declaração nociva para os crentes, incautos, de que o vilão Barrabás nunca existiu.

O autor relata que o governador Pôncio Pilatos eventualmente prendia um suposto messias. Não há registro de que em algum momento a coincidência simples de um encontro entre um destes supostos enviados divinos e um salteador e homicida pudesse ter ocorrido.

Portanto parece, para Valadis, que Barrabás é apenas um personagem fictício que tem como finalidade tornar mais dura e sofrida a paixão do Jesus bíblico.

Noutra versão literária, de natureza fantasiosa, Barrabás, depois de solto, transforma-se numa espécie de justiceiro e mata todos aqueles que não creem na divindade de Jesus. Justamente para compensar o desequilíbrio que causou ganhando a liberdade em detrimento da vida do salvador. Essa versão é de um livro pitoresco chamado *As cordas novas da ponte de madeira*, que foi escrito por um culto geógrafo americano de New Jersey, chamado Isaac Franklin, no final do século 19, e que morreu muito jovem devido a abusos com a bebida e irregularidades sanitárias em sua residência.

7. A cruz Vitruviana

A cruz que foi concebida pelo italiano Josefo de Verona é uma obra de rigorosa geometria. As duas barras de madeira que se cruzam são exatamente iguais e a intersecção acontece numa altura que tem como medida um quinto do comprimento total da barra vertical. Pode ser inserida em um círculo cuja o raio é metade do comprimento do madeiro.

A cruz vigorosa e simétrica pretendia ser um símbolo de renúncia e introspecção. Não remota necessariamente à fé cristã, é mais universal. Segundo Josefo, os dois madeiros que se cruzam representam o céu e a terra. Ou ainda, matéria e energia. Alguns gostam de pensar, à maneira menos esotérica e sustentada por uma busca humana realista, que os madeiros significam o ser e o nada.

Especula-se que Leonardo da Vinci também tenha feito alguns esboços de uma cruz geometricamente perfeita, no estilo da cruz vitruviana. Seu projeto, bem delicado, não recebeu muita atenção dele próprio e acabou sendo abandonado sem conclusão.

8. Desenhos da cruz Vitruviana feitos pelo italiano Josefo de Verona

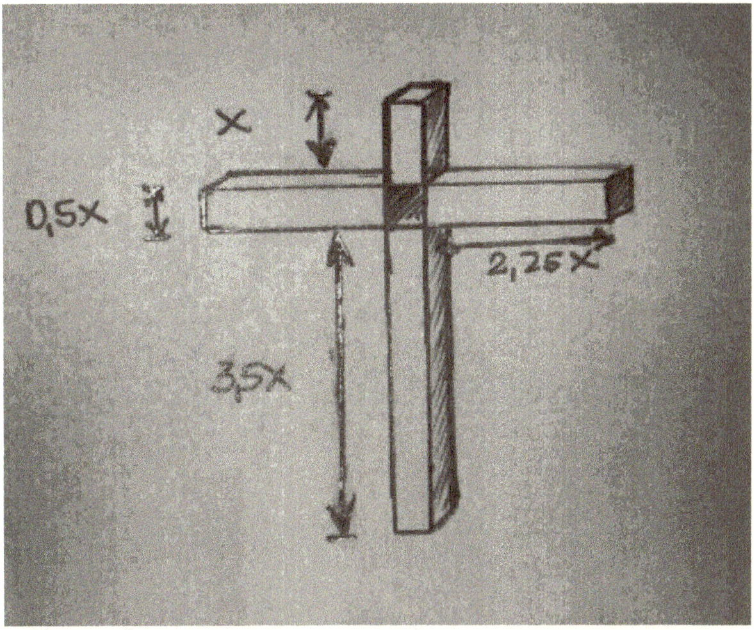

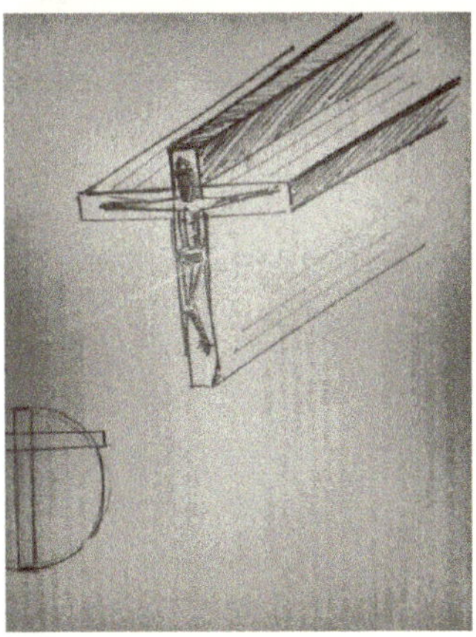

9. Esboços da cruz Vitruviana que pertenciam a Nicanor Bastos (autor desconhecido)

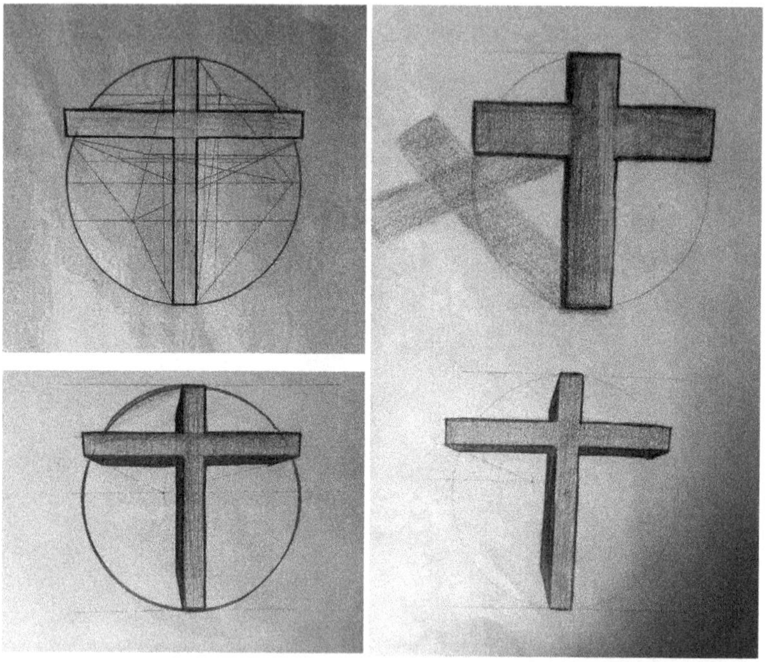

10. A mais velha adaga do mundo

É claro que este título não é real, visto que a adaga mais velha do mundo tem apenas 400 anos. Foi feita na Europa. Não existe um registro confiável do seu país de origem. O seu fabricante usou uma liga metálica desconhecida e de difícil manipulação. É certo que em contato com sangue ela adquiriu uma coloração ocre e, em função disso, pareceu mais velha do que realmente era. Nos dias de hoje a coloração que remota a um objeto envelhecido está ainda mais presente e quem a observa tem a forte impressão de que não deve tocá-la ou a consequência será decompô-la completamente em pó. Parece totalmente enferrujada e, portanto, frágil às ações mais rigorosas e, em contrapartida, ainda mais letal. Registros históricos afirmam que os detalhes do seu primeiro cabo, ainda intacto na coleção particular do Conde escocês de Aberdeen (Joseph Marcyl), feito de chifre, foram talhados mais ou menos cem anos depois de sua confecção por pobres escravos indianos que viviam na Europa. A sua fama se deve ao fato de ter sido usada por um plebeu para matar um lorde inglês cuja mulher, o assassino cobiçou. Essa mesma senhora, membro da nobreza britânica, ficou horrorizada com tal atitude e mandou confinar o coitado numa prisão suja e úmida, infestada de ratos, para que apodrecesse lá. Depois de alguns anos o plebeu foi devorado pelos ratos e a dama usou o seu úmero para confeccionar um novo cabo para a adaga.

11. Alguns desenhos da mais velha adaga do mundo

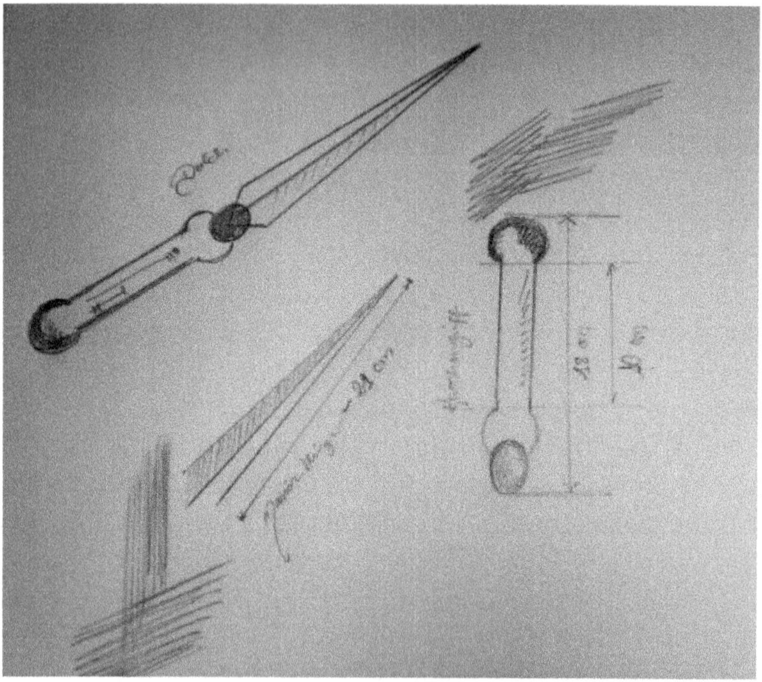

12. O número

Foram poucos que tiveram acesso ao número. Uma interrogação visível, os rostos mudos e acomodados à sensação de derrota e a necessidade de vê-lo, de lê-lo, de senti-lo. Uma incógnita na fronte. Uma espécie de antecipação da fórmula e um soco no vácuo.

Timidez foi uma notória condição para que a fila se deslocasse no sentido da entrada. Outros comentaram, à porta de um templo esquecido, que existia um altar para tantos nomes quanto fosse possível prever que veriam o número. E antes que a sorte premeditasse, uma conquista tão inútil quanto aquela relacionada a ganhar uma ave que não se pode matar para comer, uns poucos gritaram o nome de uma mulher velha e estranha, que entregava senhas para a antessala do número onde os velhos anciões escolhiam os preferidos e afortunados que poderiam olhar para o segredo e destilar perguntas, em geral capciosas, insensatas, ardilosas, frias. De tudo um pouco podres.

Entenda o número e sua relação com o invisível. Um bocado de quadratura irregular num mapa emoldurado na parede do cosmo, como um desenho feito pelo deus imoral e ancestral, um ícone morno representante de uma crença que não existe mais. Antigo, bem antigo. O número escapou de sua sala, para o *hall* e depois para a rua absoluta e profundamente grande da cidade oriunda da remota singularidade criadora. O deus mais ou menos morto, arquiteto-fabricante, peça de museu, escultura no muro do mundo, residente numa espécie de fragmento de sua presença instigante, permeadora, deixou que o número puro, absolutamente mágico e enigmático, permeasse a imaginação de outros. Então os frágeis e afetados seres que descendem de Adão, desde a sua desgraça, tentam surgir na escadaria da casa espiritual e racional, escapando do pântano da carne onde a gravidade é a grande lei, vislumbrando o símbolo especial de formidável magnitude elaborado no lago da matemática primordial. Tudo é basicamente primordial nessa saga!

Tantos lados do mundo se inclinaram para o sul deste local sagrado. A horda de velhacos satirizou a ordem sagrada. Eu pude acompanhar os coros de homens que deliravam à beira do escândalo. Entre horrores de dúvidas e crenças absurdas afetadas por toda sorte de desagravos e implicações, que gente estranha proferia contra gente estranha e gente mais estranha não aceitava e se prontificava para a agressão, divisei a graça de uma beleza espetacular que me favoreceu os olhos, a mente e o corpo.

Por muitos instantes de pensamento direcionado eu esqueci o número e não me preocupei com o preço e a pena. Naquele lugar sinistro, a morte rondava as casas e impedia que as decisões tomassem rumos mais especiais do que a presença indiscutível naquela fila infinita, onde se exigia um número para ver um número, caso pudesse ser o número antecipado um exercício para a sorte, ou para o acaso.

13. Caos

No princípio existia o silêncio. Depois a música. A singularidade, de onde a maneira espectral e coesa de algo inominável, que preencheu todos os espaços com sua forma condutora, dobrou-se para permitir as possibilidades. Num infinitesimal instante de tempo, entre o nada instituído sem testemunhas e o agora excelente universo preenchido pela música inefável ainda sem ouvidos existentes – formado por algum efeito avesso à presença do mesmo nada anterior – que confirmem sua exuberância, tudo que era verbo fundamental tornou-se matéria. E o calor de todas as notas transformou-se em pedra e terra e água. Houve uma comoção de todas as moléculas, que tomaram consciência de sua natureza estruturante, e a matéria, criada desde o silêncio e a música primordial, ganhou importância.

Um garoto astuto levantou-se faceiro e desde a origem dos dias produziu um som que era capaz de reproduzir as mesmas hélices geometricamente perfeitas, complexas e primordiais responsáveis por sua existência sutil, mas perecível. Uma estrutura tão real e bela, resultado de uma combinação de sons tão puros e incompreensíveis, configurou uma nova forma, antagônica, singular, delicada e absolutamente atraente.

Das duas coisas conscientes e criativas fundamentais do mundo pioneiro, algo magnético sugeria uma conexão imediata. Um passo no sentido da união seria capaz de ruir todas as cadeias atômicas, redes cristalinas e composições periódicas de grande escala. Ao inventar o gozo material, a música original reinventou a produção de matéria, a sua continuidade e a sobrevivência infinita.

Eis o CAOS.

Mandamentos da Sociedade Invisível

1. *Tu nasceste morto. Não esperes vida.*

2. *Tu não precisas existir.*

3. *Homem, assegura-te de ser desnecessário.*

4. *No salão da Confraria, tu serás completamente visível.*

5. *Tu não plantarás uma árvore, tu não escreverás um livro, tu não terás um filho.*

6. *Se tu atirares uma pedra na água, garantas que ela salte muitas vezes e, depois de ondular a superfície harmoniosamente, afunde até a alma do mundo.*

7. *Homem, observa-te, conheça-te e anula-te.*

8. *Não sejas. Assim, e somente assim, serás completo.*

Confraria: sinônimos

Agregação; Agremiação; Agrupamento; Amálgama; Ambiente; Arranjo; Assembleia; Associação; Centro; Classe; Clube; Companhia; Comunidade; Confederação; Consórcio; Congregação; Coordenação; Corpo; Corporação; Dispositivo; Empresa; Encadeamento; Entidade; Federação; Firma; Fraternidade; Fusão; Grei; Grêmio; Grupo; Irmandade; Junta; Liga; União; Ordem; Ordenação; Ordenamento; Organismo; Parceria; Reunião; Roda; Sociedade.

Referências

1. CREPÚSCULO do filósofo. *Veja*, São Paulo, 20 nov. 1889.

2. MORAES, Vinicus. Soneto de fidelidade. In: *Antologia poética*. São Paulo: Companhia das Letras, 2009.

3. ANDRADE, Carlos Drummond. O amor antigo. In: *Declaração de amor*. São Paulo: Companhia das Letras, 2015.

4. CORTÁZAR, Júlio. O jogo da amarelinha. In: *O jogo da amarelinha*. São Paulo: Civilização Brasileira, 1999.

5. HILST, Hilda. Alcoólicas. In: *Do desejo*. São Paulo: Globo, 2004.

6. NERUDA, Pablo. Te amo. Disponível em: http://www.recantodasletras.com.br/

7. BROWNING, Elizabeth Barrett. Amo-te. In: BANDEIRA, Manuel. *Poemas traduzidos*. 4. ed. Rio de Janeiro: José Olympio, 1976.

8. BÍBLIA, Português. *A Bíblia Sagrada contendo o Velho e o Novo Testamento*. Tradução de João Ferreira de Almeida. Ed. revista e corrigida. Rio de Janeiro: Sociedade Bíblica do Brasil, 1969.